U0108452

新雅
名人館

···力求上進的發明家···

諾貝爾

編著 宋詒瑞

新雅文化事業有限公司
www.sunya.com.hk

新雅•名人館

力求上進的發明家 諾貝爾

編　　著：宋詒瑞
內文插圖：黃穗中
封面繪圖：李成宇
策　　劃：甄艷慈
責任編輯：周詩韵
美術設計：何宙樺
出　　版：新雅文化事業有限公司
　　　　　香港英皇道499號北角工業大廈18樓
　　　　　電話：（852）2138 7998
　　　　　傳真：（852）2597 4003
　　　　　網址：http://www.sunya.com.hk
　　　　　電郵：marketing@sunya.com.hk
發　　行：香港聯合書刊物流有限公司
　　　　　香港新界大埔汀麗路 36 號中華商務印刷大廈 3 字樓
　　　　　電話：（852）2150 2100
　　　　　傳真：（852）2407 3062
　　　　　電郵：info@suplogistics.com.hk
印　　刷：中華商務彩色印刷有限公司
　　　　　香港新界大埔汀麗路 36 號
版　　次：二〇一七年十月二版

ISBN: 978-962-08-6907-5
© 2001, 2017 Sun Ya Publications (HK) Ltd.
18/F, North Point Industrial Building, 499 King's Road, Hong Kong
Published and printed in Hong Kong

前言

　　你聽說過諾貝爾獎嗎？為什麼這一年一度公布並於十二月十日在瑞典授獎的獎項如此引人注目、牽動人心呢？你對這項獎金的創始人——瑞典化學家、發明家、實業家艾弗雷‧諾貝爾又有多少認識呢？

　　諾貝爾是世界科學史上一位不朽的人物，是個極不平凡的人。他在學校只念了兩學期的書，完全靠自學成才；他自幼身體羸弱，生命之火幾經熄滅，但在母親的悉心照料下他頑強地生存了下來。在熱愛科學的父親的指導和影響下，他自小就養成了善於思考、細心觀察的好習慣，在年輕時就樹立了為科學獻身、為人類造福的志向，之後幾十年間他以此為目標，奮鬥不息。為了發明一種既安全又猛烈的民用炸藥來迅速征服自然、建設人類現代文化，他冒着生命危險，一次次做實驗研製，耗盡心血，終能一步步達到目標。他在科學上的研究涉及面很廣，有多達三百五十多項的發明專利，而且他在每一項成就面前從不就此止步，而是精益求精，不斷改進。

　　諾貝爾因為發明炸藥和從事實業而獲得巨大

利潤，他把這筆錢回饋社會，「用於學術上和人道上」（諾貝爾遺言）——成立一個基金會，每年獎勵對人類作出重大貢獻的科學家、文學家和政治家或機構。

到現在，諾貝爾獎已有一百多年的歷史了。人們感謝它對推動科學發展的作用，也永遠忘不了這位偉人和他的名言：「我是世界的公民！我為人類而生！」

目錄

一 有其父必有其子

一八三七年的某一天，在**斯德哥爾摩**^①近郊一所簡陋住房的後院裏。

一位年輕的母親拉着三個男孩站在一邊，憂心忡忡地望着院子盡頭的一個小棚。四歲的諾貝爾緊緊抓住媽媽的裙子，與兩個哥哥一樣目不轉睛地盯着棚子的門等待着。閒不住的爸爸今天又要做他的爆破實驗了，怎不叫全家人心情緊張呢？

爸爸從棚子裏出來了，目光炯炯，神色興奮：「行了，大家準備好！」

爸爸真像一位在戰場上指揮作戰的大將軍。

「快揞上耳朵！」媽媽驚惶地向孩子們喊道。

小諾貝爾揞上了雙耳，卻又偷偷放開了手——他想聽聽爆破的聲音究竟是什麼樣的。

「蓬」的一聲震耳欲聾，好似天崩地裂，四周房屋的窗門被震得格格作響，小棚內冒出滾滾濃煙，空氣中

---

① **斯德哥爾摩**：瑞典首都。

瀰漫着一股硫磺氣味。

孩子們被嚇得目瞪口呆，爸爸卻高興得跳了起來：「成功了，成功了！」

爸爸的興奮感染了全家，孩子們都圍着爸媽又笑又跳。小諾貝爾怎知道，今後他的一生將和這爆破聲緊密相連，他那魁偉壯實的父親將帶領着他一生為研究炸藥而奮鬥。真是「有其父必有其子」啊！

艾弗雷‧諾貝爾後來能成為一位舉世聞名的科學家、發明家，是與他的家族背景和父親伊曼紐的身教言傳分不開的。

諾貝爾的父母系祖先都是瑞典的農民或小市民，其父系祖先曾誕生了好幾位學者，他們的名字已被列入瑞典的文化史上。其中最出名的是諾貝爾的**高祖父**[①]歐羅夫‧魯德貝克，一位多才多藝的學者，曾任大學校長，又有音樂天才，並因發現**淋巴組織**而留

[①] **高祖父**：祖父的祖父。

名後世。

　　諾貝爾的祖父是一名外科醫生，他和才女莉達·梅斯曼所生的長子伊曼紐·諾貝爾，就是一位不可多得的天才人物。

　　伊曼紐體格強壯，聰明機靈，精力充沛，具有敏銳的觀察力和豐富的想像力。他對課堂教育不感興趣，十四歲就去當水手，隨船出海遠航見世面。三年後回到故鄉，從事他所喜愛的繪圖、機械製造、建築等工作，作品曾多次獲獎。

　　伊曼紐的腦中充滿各種各樣的幻想，他愛動手實踐，把幻想變成多姿多采的實用的新產品。例如，他看到搬家很麻煩，就設計了可以移動的木造房屋；看到人們過河不方便，就發明了簡易的**浮橋**；看到士兵的裝備笨重，便發明了用橡膠做的充氣牀墊、背包、救生用具等等。他還製作了多種**工作母機**，他的「**諾貝爾式動力機**」獲得專利權。這些都是劃時代的產品，伊曼紐成了一位很出名的發明家。

　　諾貝爾的母親安麗達很熟悉自

知識門

浮橋：
在並列的船或筏子上鋪上木板而成的橋。

工作母機：
製作其他機器的機械。

諾貝爾式動力機：
即不用齒輪，而利用繩子使機械的旋轉運動變為前後來回運動的裝置。

己丈夫這種發明家的脾性，她說：「只要見到他兩眼發光，就知道他腦中又有什麼新花樣了，接着我的日子就不好過了⋯⋯」

這是因為一旦伊曼紐有了發明的衝動，他就會全心全意狂熱地投入工作，有時他的想像力會失去控制，當一個難題解決不了時會大發脾氣，撕掉圖紙、砸爛模型⋯⋯搞得家裏一團糟。這時，就全靠安麗達出來收拾殘局，她會毫無怨言地打掃乾淨，並溫柔地安慰他，使他冷靜下來，心存希望。這對夫妻琴瑟相和地共同度過了四十五年美滿的生活。

雖然伊曼紐一生發明很多，但是他並沒因此發財致富，家庭的經濟一直很拮据。這是很多發明家的共同命運。因為一些走在時代前面的發明不易被人理解和接受，往往還受人嘲笑和反對，實驗及製作所需的巨大費用難得到別人資助，發明家常常要為實現自己的理想而傾家蕩產。

伊曼紐的情況也是如此。他在瑞典的許多發明對軍隊有利，但因軍方經費不足而不能生產。他的事業很不成功，發明創造並沒有給他帶來應有的回報。

屋漏偏逢連夜雨。一八三二年的一個冬日下午，天氣異常乾燥。忽然，人們看到建築承包商伊曼紐家的屋

頂上竄出熊熊的火苗，火勢在風中越來越旺。

「起火了！起火了！」人們大喊，急急向火場奔去。大家知道，這幾天這家的男主人有事外出，只有懷孕的妻子和兩個幼童在家。

安麗達發覺火情後，慌慌張張拖了兩個兒子逃生，什麼也顧不上拿。就這樣，全部家產付之一炬。

伊曼紐破產了。他們全家只得搬到郊區，租住廉價房屋，過着入不敷出的生活。為了幫助家庭，年幼的長子羅伯特還曾經帶着弟弟盧德維克上街賣火柴賺錢呢。

伊曼紐是個積極樂觀的人，並沒有在經濟打擊下低頭。建築圖紙全燒燬了，他就轉行。當時人們正準備開鑿**蘇伊士運河**，修築鐵路和採礦業也在蓬勃發展，這些開山鑿石的工程都需要解決爆破力的問題。當時，炸藥只用於戰爭。伊曼紐想發明一種民用的烈性炸藥，來提高工程進度，常在家試驗，所以出現了本章開頭的一幕。

知識門

蘇伊士運河：
著名的國際通航運河，在埃及東北部，亞、非兩洲的分界線。1859至1869年動用數十萬埃及勞工鑿成，連接地中海和紅海。

那次在後院小棚的試驗雖然成功，卻給伊曼紐帶來另一次災難──他的鄰居們紛紛出來指責：

「這太可怕了！怎能在居民區進行這種試驗呢？」

「這樣下去，不知哪天他會把我們的住房統統炸為平地呢！」

居民們的擔心不無道理，所以市政局出面禁止再作爆炸試驗。伊曼紐在瑞典負債纍纍，再也呆不下去了，只得隻身離開祖國，到國外去尋求發展。

想不到這個決定真的改變了他的命運。他經芬蘭到了**聖彼得堡**[①]，一位俄國將軍很賞識他的才能，同意與他合作興辦工廠。將軍先幫他取得軍方同意，成立了一個由專家組成的委員會，對他進行全面的考察和試驗。

試驗獲得了圓滿的成功，在眾目睽睽之下一連串地雷先後爆炸，摧毀了一大片荒地。伊曼紐得到俄國政府的一大筆撥款，他建立了一家工廠製造**地雷**，軍部給了他不少訂單。離家五年後，伊曼紐第一次寫信給家人報喜。

「爸爸來信了！快來看，爸爸的信！」安麗達急不可待地把丈夫的信讀給孩子們聽。

「五年之後才有一次好消息嗎？」諾貝爾問媽媽，這時他才體會到爸爸所從事的工

知識門

地雷：
一種放置或埋在地下的爆炸性武器，裝有特種引火裝置。

[①] **聖彼得堡**：俄國第二大城市，1712 至 1918 年為俄國首都。

作是多麼艱辛不易。

一八四二年，安麗達帶着三個孩子坐輪船來到聖彼得堡，與丈夫團聚。他們住進華麗的大宅，過起舒適的生活。兩個大兒子很快投入父親的事業，成為父親的好幫手。父子們把工廠辦得很興旺，瑞典的債務也全部還清了，伊曼紐以發明家、實業家和商人的身分受到人們的尊敬。一八五三年，沙皇頒發給他們皇家金質獎章，這是俄國政府給予外國人的最高獎賞。

一八五四年，英法同俄國之間爆發了克里米亞戰爭，儘管伊曼紐製作的水雷和蒸汽機動力軍艦發揮了很大威力，兩年後俄國還是戰敗了。沙皇認為戰敗的一個原因是武器裝備不如敵方，下令取消軍方在國內的一切軍火武器製作訂單，改由外國進口。

知識門

克里米亞戰爭：
俄國與英、法為爭奪土耳其爆發的戰爭，也叫「東方戰爭」。俄國戰敗，獨佔黑海海峽和巴爾幹半島的野心受挫。

工廠停工，工人解散，伊曼紐宣告第二次破產。他悻悻然回到瑞典。可是發明家的本性使他不會住手，破產更激起了他的進取性。他又動腦筋改進炸藥，與長大了的諾貝爾一起投入研製工作。即使多年後癱瘓在牀，他仍在考慮要發明一種能制止戰爭的炸藥。最後他還實現了建築工業中的一次革命——發明

13

了價廉實用的**膠合板**，利用了廢料又造福大眾。

　　伊曼紐一生波折重重，變化多端。可是他始終積極樂觀，一心把自己的聰明才智貢獻給人類，為此不屈不撓，不向逆境低頭，勇敢大膽地克服種種困難，作出多種有用的發明。他這種獻身科學的精神身教言傳，影響了他的幾個兒子，他們都在科學技術領域內作出了傑出的成就。所以艾弗雷‧諾貝爾的成功絕不是偶然的，可以說是家族精神薰陶和培養的結果。

知識門

膠合板：

由多層薄木板黏合壓製而成的板材，強度大，能提高木材的利用率，節約木材。

想一想

1. 為什麼説諾貝爾的成功是家族精神薰陶和培養的結果？

2. 諾貝爾的父親是個什麼樣的人？他對諾貝爾有什麼影響？

二 贏弱的孩子

艾弗雷‧諾貝爾於一八三三年十月二十一日誕生在斯德哥爾摩郊區的一所極其簡陋的住房裏。他是伊曼紐‧諾貝爾的第四個兒子。

這是一個脆弱的生命，從誕生的第一日起就注定他是個體弱多病的孩子——他出生前，家中剛經歷了一場大火災，父親的一切財產和研究成果被燒燬，債主又來逼債，逼得伊曼紐只好宣布破產。全家搬出城市，移居郊區，擠住在一所廉價的租屋裏，生活水平大大下降。母親安麗達當時有孕在身，但是得不到應有的營養和休息，經歷了火災的驚嚇之後又因破產而傷心過度，所以她的身體一直不好，影響了胎兒的健康成長。

但是安麗達與她丈夫一樣，是個樂觀能幹的人。儘管家庭經濟拮据，入不敷出，她仍能運用她那聰明的頭腦和靈巧的雙手，把家裏的一切安排得妥妥貼貼，安樂舒適。丈夫忙於事業，她就獨力擔起全部家務重擔，並且在精神上毫無保留地全心支持丈夫的工作。當伊曼紐離開瑞典到外國尋求出路時，安麗達在親友的幫助

下，在住所附近開了一間小雜貨店，售賣牛奶和蔬菜，以此在五年內養活了自己和四個孩子。關於這段時期的窮困日子，諾貝爾的大哥羅伯特曾有過這樣一段心酸的回憶：

「有一天，媽媽拿出家中僅剩的二十五個銅板，叫我上街去買些食物回來當午餐。我不知怎麼會把錢弄丟了，害得全家人挨了餓。」

安麗達一共生了八個孩子，四個**夭折**[①]了，只有羅伯特、盧德維克、諾貝爾和最小的愛米爾留在身邊。諾貝爾是弟兄之間身體最差的一個。他在**襁褓**[②]時就體質虛弱，經常生病。有一天，安麗達一覺睡醒，發覺懷抱中的小諾貝爾臉色蒼白，毫無氣息，急得她大叫：

「孩子，你怎麼啦？快醒醒呀！」

任她大哭大喊，嬰兒都沒有反應。旁人圍了過來，摸摸看看，發現他的手足冰涼，已沒有了呼吸，都說：

「這孩子不行了，沒得救了！」

「他先天不足，本來就是活不長的。」

作母親的怎肯輕易放棄自己的骨肉？安麗達把嬰

[①] **夭折**：未成年而死叫夭折。
[②] **襁褓**：包裹嬰兒的被子和帶子。「在襁褓時」即指嬰孩時。

兒平放在牀上，用她那雙溫暖的手用力搓他的胸部和腹部，還嘴對嘴地做人工呼吸，把生命的氣息灌入那小身軀去。她的拚命搶救終於把小諾貝爾從死神手中奪了回來。

幼年時的諾貝爾瘦得只剩皮包骨，面色發青，呼吸微弱，生命之火好像隨時都會熄滅。

安麗達對他傾注了雙倍的關心和愛心，日夜陪着他、呵護他，照顧得無微不至。慈母的關愛終於使這棵弱小的幼苗幾經辛苦地成長起來。

諾貝爾在他十八歲時寫的一首自傳體長詩《謎》中，記述了自己幼年時的這段生活：

我的搖籃好比一張死亡之牀，
母親愛心忡忡，
常年守護在旁。
生命之燭在風雨中搖晃，
她拚命遮風擋雨，
要挽救這微弱之光。

我掙扎而起，
吮吸着她那甜美的乳汁。

痙攣①卻不放過我，

使我一陣抽搐，

幾乎滅亡。

我與死神惡鬥，

幾番回合，

歷經辛苦，

才回到母親身旁。

諾貝爾幾乎在病牀上躺了八年。到了八歲那年，身體好了一些，他才去學校讀書。他父親把他們三兄弟送到斯德哥爾摩最好的學校——聖雅各布高級衞道士小學，去接受一流的教育。可是由於體質比別人差，他的校園生活不是十分愉快的。

諾貝爾在《謎》一詩中接着這樣寫道：

我好不容易脫離了嬰兒時期，

長成為一名幼童。

在周圍這小小世界裏，

只因身體羸弱，

---

① **痙攣**：肌肉緊張，不自然地收縮。多由中樞神經系統受刺激引起。

處處感到陌生，落落寡歡。

別的孩子玩得高興，

我只能站在一旁觀看。

童年的歡樂與我無緣，

只能憧憬將來的歡娛。

幻想馳騁，

難以控制，

黃金般的美夢

不知何時才能實現。

但願過往和今日的悲哀

只是通向未來幸福的過渡。

　　從中可見小諾貝爾的童年生活是缺少歡愉的。他的體弱造成了他的孤獨不合羣，但是這倒養成他喜歡思考的習慣，他常常一個人來到田野，坐在小河畔，久久地靜靜思索。人生，也是當時使小諾貝爾感到困惑的一個問題。他常常在想，自己以後的人生道路不知會是怎麼樣的呢？這對他來說確實是個謎（正如他的長詩題目那樣），謎底是隨着他的成長而慢慢揭開的——誰能想到這個弱不禁風的病孩，以後竟成了舉世聞名的大科學家！

　　諾貝爾勤奮好學，雖然上學期間他因多種疾病纏身，常常缺課，但學期結束時他拿回家的成績單，卻使他母親高興得流下了眼淚：

　　「啊，每門功課的成績都是甲等，真不容易啊，我的孩子！」

　　同年級的八十二個學生中，只有兩名達到這樣好的成績。諾貝爾的兩個哥哥——羅伯特和盧德維克的成績也十分優異。孩子們如此自覺地學習，獲得出色的成果，對父母來說是最大的安慰了。

　　這一年的小學生活，是諾貝爾所受到的唯一真正的學校教育。後來，因為全家人遷居國外，諾貝爾就中斷了學校的學習。他日後能在科學上作出這麼大的成就，完全是靠他刻苦自學，在不斷實踐中積累知識和經驗的結果。

想一想

　1. 諾貝爾小時候是個怎樣的孩子？

　2. 諾貝爾只讀了一年小學，日後怎麼能成為一位大科學家的？

三 走出國門

一八四二年十月十八日，母親安麗達帶着諾貝爾三兄弟離開家鄉，登上了渡海的大船。

三個孩子的興奮心情自不用說——爸爸在俄國站穩了腳跟，寫信來叫他們去團聚。媽媽不想中斷孩子們的學業，所以等到他們學期結束才動身。他們先坐輪船渡過**波羅的海**，再坐**驛馬車**經芬蘭進入俄國。幾個孩子們從沒出過遠門，一路上像小麻雀般嘰嘰喳喳地說着話，顯得很興奮。

他們來到聖彼得堡涅夫斯基大街上一座華麗大宅的前面，安麗達和孩子們都驚訝得目瞪口呆：「這是我們的家嗎？」

「爸爸買了這麼漂亮的房子給我們住？」

是的，這真叫人難以置信！昨天還在斯德哥爾摩郊區賣菜的一個窮婦人，今天竟然能帶着孩子們住進這富

知識門

波羅的海：
歐洲北部的內海，介於瑞典、丹麥、德國、波蘭、芬蘭與俄國之間。

驛馬車：
古時指供傳遞公文的人或來往官員使用的馬車，後也指定時有班次的馬車。

人區的豪宅，當起了當地一位著名工業家的闊太太！安麗達住在這裏，又有僕役侍候，反倒覺得很不自在了。

伊曼紐一家在國外團聚，共享天倫之樂。

最初的激動過去之後，新的問題產生了：

諾貝爾對這陌生城市的氣候不大適應，除了原有的胃病經常發作之外，還常常感冒，並且又得了**脊椎骨**的毛病，不得不經常躺在牀上。媽媽對他倍加愛護與照顧，爸爸對這個蒼白無生氣的孩子雖然感到煩惱，但卻喜歡他事事表現出來的聰穎，因此常常應他的要求買些書籍和玩具給他。

知識門

脊椎骨：
人和脊椎動物背部中間的支架，人的脊椎由三十三個椎骨構成，似一柱子。

伊曼紐很重視孩子們的教育，特地請來了幾位著名學者來家給他們上課，其中有瑞典籍的語言及歷史教授拉斯‧桑德遜，俄國化學教授尼加拉‧津寧等人。四兄弟全都聰明好學，這階段的學習使他們獲得了豐富的知識，並培養了廣泛的興趣，這對他們日後的發展起了重要的作用。

醫生說，諾貝爾的脊椎骨病會漸漸好起來的，只是要盡可能多平臥，越久越好。因此諾貝爾的大部分時間都是在牀上度過的，他的房間成了三兄弟的教室，老師

們就在這兒給他們上課。這時，諾貝爾平躺在牀，眼望天花板，全憑聽力上課。下課後，兩個哥哥跑出去找朋友玩，諾貝爾仍然躺在牀上，在腦中複習和記憶剛才學到的知識。瞧，病牀上的諾貝爾為了獲得知識，作出了多大的努力！

一天，從外地來了一個馬戲班，在公園公演。這是很少有的娛樂節目，羅伯特就買了三張票，要盧德維克回家叫諾貝爾一起來看。

盧德維克來到諾貝爾房裏，只見他望着天花板，嘴裏咿咿唔唔在唸着什麼，右手指在空中比劃着，神情十分專注。

「艾弗雷，快起來！哥哥買了馬戲票，很難得的呀，快跟我走！」

諾貝爾沒有理會他，照樣在背記他的俄文單詞。

「快點呀，開演時間就到了！」

「等一下，等我溫習完這一課就去。」諾貝爾說，他倒也不拒絕看馬戲。但是他有一個習慣：任何事情開了個頭，他就一定要做完才罷休，不喜歡被人打擾，也從不半途而廢。

「我不等你了，票放在桌上，你自己來公園吧！」盧德維克知道弟弟的脾氣，先走了。

等到諾貝爾把這一課的俄文單詞從頭又溫習了一遍，這才爬下牀。當他趕到公園時，馬戲表演已經結束，兩個哥哥正興高采烈地從公園走出來……

諾貝爾就這樣以他的天資和毅力，在到俄國後的幾年內，不僅熟練地掌握了瑞典母語，更通曉了俄語、英語、法語和德語，他的俄語還很快超出了他爸爸。在教師的指導下，他熟悉了歐洲**啟蒙運動**時代的幾位著名哲學家，並愛上了**雪萊**的詩歌，由此自己也動手寫起詩來，諾貝爾在文學上也是有相當造詣的。

知識門

啟蒙運動：
十七至十八世紀歐洲資產階級的民主文化運動，啟發人們反對封建傳統思想和宗教的束縛，提倡思想自由、個性發展等。

雪萊：
（1792-1822），英國浪漫主義詩人。

伊曼紐和兒子們在一起時，常常把他們看作是與自己志同道合的朋友，給他們講機械原理、自己的各種發明經過及尚未實現的發明構想。父子常在一起思索問題、討論問題。父親想把自己的經驗和知識儘快地傳授給孩子們。

由於父親言傳身教的影響，諾貝爾家幾個兄弟都對科學產生了濃厚的興趣。

一八五〇年，諾貝爾兄弟的家庭教育學業結束。由於堅持臥牀，諾貝爾的脊椎病也漸漸好了。在母親的悉

25

心護理下，他的胃病也不再復發，身材猛長，成為一個翩翩少年了。

同時，他繼承了精力充沛、多才多藝的父親的思想財富，善於觀察、勤於思考，在很多事情上往往有他獨特的精闢見解。連平日很少稱讚別人的伊曼紐，也在寫給他**內兄**①的信中誇他：「艾弗雷不但是個聰明、勤勉的好孩子，而且他有力求上進的一股頑強精神，這一點是沒人能及得上他的，因此他得到父母和弟兄們的尊敬。」

伊曼紐這樣寫是有來由的。孩子們剛來彼得堡時，伊曼紐曾經這樣評價他們：「羅伯特最會動腦，盧德維克天分最高，而艾弗雷最用功。」

誰知這話刺傷了諾貝爾：「最用功」不就等於說他是最愚蠢無能嗎？他覺得自己並不比兩個哥哥差，別人做得到的，他也能做到；別人做不到的，他也應該去做到。所以他下決心刻苦努力，戰性病魔，並取得了學習上的好成績，使爸爸改變看法，承認以前的說法是片面之詞。

羅伯特和盧德維克被安排到爸爸的工廠管理部門

---

① **內兄**：妻子的哥哥。

去協助工作。至於對諾貝爾呢，伊曼紐則另有一番打算——送他出國，去西方各國旅行學習，並代表企業採購工具、原料和機械設備，提供最新的科技經濟消息。

十七歲的諾貝爾啟程了，這是他第一次單獨離家出遠門。站在輪船甲板上望着波濤起伏的大海，他心中充滿了向未來世界挑戰的信心和決心。後來他在詩中這樣寫道：

當我年輕的時候，
曾壯膽離家遠遊。
故鄉、親人、大海，
都不能使我留戀回首。
只因我內心神往的海洋，
更為浩瀚遠悠……

諾貝爾的旅行學習為期兩年。除了他的祖國瑞典以外，他還到了德國、意大利、丹麥、法國和美國。他在各地參觀種種實驗室，拜訪大學的研究所，盡量了解發達國家的科學新成果。在美國，諾貝爾拜見了父親的老同學、瑞典籍工程師和發明家約翰·愛利遜，並在他的工場和實驗室裏工作了一段日子。

愛利遜當時在美國很有名望。他發明了螺旋槳推動的輪船，後來又建造了一艘使用蒸汽機的裝甲戰艦「莫尼塔號」，因而聞名全球。諾貝爾按爸爸的要求向他訂購了幾張圖紙，並把爸爸草擬的以熱空氣代替蒸汽的設想交給他。

諾貝爾在巴黎逗留的日子比較長。他白天去巴黎大學的研究所和教授、學生交流，晚上躺在牀上專心閱讀心愛的詩歌和小説。這兩年的旅行學習，使諾貝爾從各方面充實了自己，開拓了眼界，堅定了從事科學研究服務人類的決心。著名的傳記作家**亨利·謝克教授**説：

「總之，艾弗雷·諾貝爾在那時，其知識和精神方面的成熟程度，都遠在同齡人之上。他受過科學訓練，精通四國語言。他對文學，尤其是英國文學寄以莫大的關心，同時也奠定了世界觀的基礎。這是一位早熟而異常理智，羸弱而常愛思想，孤獨內向的青年。」

知識門

莫尼塔號：
美國最早的裝甲戰艦，在南北戰爭中它是令北軍獲勝的原因之一，因而名垂史冊。

亨利·謝克教授：
（1855-1947），瑞典文史學家。

28

1. 為什麼諾貝爾的父親誇獎他具有力求上進的精神？

2. 諾貝爾的兩年出國旅行學習，對他的成長起了什麼樣的作用？

四 投入家族事業

一八五二年七月，艾弗雷·諾貝爾結束了旅行學習生活，回到父母身邊，他的事業也從此開始了。

諾貝爾和兩個哥哥一起，在父親的工廠工作。這時他父親的企業擴大了很多，並且改名為「諾貝爾父子機械鑄造公司」。

諾貝爾的大哥羅伯特與父親一樣，滿腦子設計構想，大膽籌劃生產；二哥盧德維克具組織才能，如今加上諾貝爾從海外帶回的設計圖紙和學到的知識，父子四人把工廠辦得紅紅火火的。第二年，沙皇頒發給諾貝爾父子獎章，承認了他們一家的功績。

當時的俄軍正走向現代化，所以政府向諾貝爾工廠訂購大量裝備——鐵路器材、大砲、軍艦用蒸汽機等。尤其是克里米亞戰爭爆發後，沙皇想通過戰爭證明俄國的強國地位，便不惜以重金訂製最先進的武器，促使諾貝爾家族公司的業務蒸蒸日上。

伊曼紐發明的水雷帶來俄國後，本來一直被視作軍事機密封存起來，還因究竟該屬陸軍或海軍管轄的問題

而爭執不下，所以沒有好好利用。等到聖彼得堡受到海上攻擊的威脅時，作戰總參謀部想起了瑞典人的這項發明，於是急召伊曼紐父子來作試驗。

這個消息令諾貝爾一家十分興奮，這意味着家族工業將面臨一個新發展的局面。他們的試驗成功後，總參謀部要他們大量生產水雷，並用以封鎖聖彼得堡附近的所有港口河道。

這水雷陣在對英法聯軍作戰中大大發揮了作用：一名英軍水兵撈上一枚水雷，大家都不知這從未見過的怪物是何方神聖，於是請來專家檢查，但在拆卸過程中炸死了一名水兵，這才使人們認識到它的厲害。密布在港口的水雷使敵軍不敢貿然發起進攻，阻止了英法聯合艦隊的長驅直入。艦隊司令官在送呈海軍總部的報告中寫道：「芬蘭灣布滿了惡魔的機械。」後來，諾貝爾協助伊曼紐用法文寫出了「以最低費用及無人傷亡方式防衛海峽與港口」一文發表，總結了使用水雷的經驗。

這段日子是諾貝爾工廠的黃金時期。軍部訂單源源不斷來到，工廠機器日夜轟鳴，開足馬力生產。工廠擴展到擁有一千名工人，父子四人忙得團團轉，各人的才能得到了充分的發揮。盧德維克在晚年時曾說：「從來沒有像自一八五四年至六〇年那樣，把一個機械工廠的

精力和才華都傾注於某一件事，而且又不斷地瘋狂地工作着。」

諾貝爾在工廠負責檢查化學藥品的工作，後來又協助父親改良水雷。但是後來因為他的胃病復發，不得不暫時離開工作，到瑞典的外公家療養。眼見工廠的生產任務繁忙，但自己插不上手，他心中非常焦急。他曾在家信中寫道：

「我真希望快一點結束這種無聊的休養生活，日子過得單調無味，而且更令人揪心的是——我覺得自己是個無用的廢物，非但對家庭幫不上任何忙，反倒成了父母的負擔。」

一八五四年九月，諾貝爾病癒回家，重新熱情地投入家族事業。伊曼紐始終認為諾貝爾的學識和不知疲倦的刻苦精神，是他的弟兄們及不上的。

可是，好景不長，厄運又降臨到諾貝爾一家頭上——聖彼得堡被英法聯軍圍攻了十一個月，俄軍在損失了十二萬人馬後宣布投降。**巴黎和約**結束了戰爭，諾貝爾工廠的好日子也隨

知識門

巴黎和約：

十九世紀時，俄國對外擴張，想奪取巴爾幹半島和中東地區，引起英法干涉，爆發兩年的克里米亞戰事。俄國戰敗後於一八五六年三月簽訂《巴黎和約》，被迫退出掠奪到手的一部分土地。

之結束。政府取消了所有的軍火訂單，工廠的生產規模縮小到只有蒸汽機一項，入不敷支，工廠陷入困境。

這天，伊曼紐愁眉苦臉地在與兒子們商量如何度過難關：

「怎麼辦，工廠是越來越窮了，看來這個月底連工人的工資也發不出了！」

羅伯特說：「把我們幾個的工資扣下別發了吧！」

「那也無濟於事呀！」父親說。

的確如此，因為弟兄幾個的工資本來就沒多少。盧德維克後來回憶說：「當時所得的報酬之壞，是史無前例的。」

「我看，得另想辦法，」諾貝爾說，「我在巴黎和倫敦的銀行裏有些朋友，要不要我去設法貸些款來救救急？」

「能借到錢當然好，只怕他們不肯借。」父親說。

「事到如今，也只能讓小弟去試試了。」

雖然伊曼紐不想讓體弱的諾貝爾再去經受長途跋涉之苦，但是諾貝爾為了解決家庭的困難，堅決要去試一試。

不出父親所預料，諾貝爾徒勞無功，空手而歸——外國銀行怎肯冒險把錢借給一家即將倒閉的俄國私人工廠？

債權人紛紛逼上門來，工廠停工，工人解散，伊曼

紐被迫宣布第二次破產。

伊曼紐在俄國二十多年奮鬥的全部心血付諸東流，就像他當年來時那樣，如今他又兩手空空地走了。一八五九年，伊曼紐帶着妻子安麗達和他們在俄國生下的小兒子愛米爾，傷心地回瑞典老家去。

三兄弟留在聖彼得堡處理一些善後事務。之後，羅伯特和妻子移居芬蘭；盧德維克在聖彼得堡附近辦了一家小工廠維生。

在清理工廠資產時，諾貝爾見到一些被丟棄在那裏的機器和化學實驗用具，便決心利用它們來從事自己一向喜歡的機械和化學的研究工作，這是他在前幾年因為養病及出國學習而未能做到的。他並沒因家庭破產而放棄獻身科學的決心和信心。

有一次，諾貝爾趕到渡口，要坐船到對岸的工廠去做實驗。不巧的是他來晚了一步，眼睜睜地看着渡船開走。諾貝爾不想浪費時間等下一班船，竟毫不猶疑地和衣跳下水，一口氣游過寬闊的河面。到了實驗室他衣服也不換，濕淋淋地堅持做完他的實驗。

瞧，諾貝爾在科學研究上就有這麼一股子執拗的韌勁！

一天，坐在書房裏看書的諾貝爾被窗外孩子們的嬉

笑聲吸引住了，他走出去一看，幾個孩子在玩吹馬尿囊。

孩子們輪流憋足了氣用力吹，但都不能把那馬尿囊吹大。諾貝爾走上前説：「讓我來試試！」

諾貝爾把馬尿囊吹得像個小桶般大，孩子們都高興得拍手歡呼。

諾貝爾看見一個女孩的手中拿着一朵花，便一時興起，把馬尿囊從嘴邊移開，對準着花朵。他把捏住馬尿囊口的手放開，讓氣流從囊中緩緩流出來，花兒受到氣流衝擊便飛快地轉動起來，孩子們看得哈哈大笑。望着那花兒的轉動隨着囊中氣流的減少而漸漸慢下來，諾貝爾腦中忽然一亮：馬尿囊中氣體的多少不是從花的轉動中表現出來了嗎？

諾貝爾趕快從孩子們手裏買下那隻馬尿囊，一頭鑽進房間研究了起來……

就這樣，諾貝爾發明了氣體計量儀；過了兩年又發明了液壓計量儀和改良型氣壓計，這三項產品他都在聖彼得堡申請了發明專利權。

這些發明顯示了諾貝爾留學的成就和他卓越的才能。

知識門

馬尿囊：

馬的尿囊。尿囊是哺乳類、鳥類等動物胚胎時期的構造，由消化道後端腹壁向外突出的膜囊，也即胚外的「肺臟」。囊內的液體含有尿酸，故有此名。

想一想

1. 諾貝爾對科學研究的態度是怎樣的？

2. 諾貝爾在家族生意遭到致命打擊後，是怎樣繼續他的生活道路的？

五 父子征服硝化甘油

你看見過礦工炸山開礦、工人破崖鑿洞築路的情景嗎？當那驚天動地的「轟」一響後，地動山搖，岩石崩裂，人們清除了碎石後就很容易向目標挺進。設想一下，若是沒有這爆破力相助，而是靠人力一斧一鋤的開挖，這麼大的工程要到哪年哪月才能完工呢？

造成這種爆炸力的材料是**黑色火藥**，這是人們早就發明了的。記得嗎，火藥是中國古代的四大發明之一，是從中國傳向世界的。但是把火藥製成民用的炸藥，把它連上引爆裝置，使它能較安全地用於生產事業，這卻是諾貝爾父子的功勞了。他們的這項發明是對人類的巨大貢獻，其中艾弗雷·諾貝爾起了決定性作用，居功至偉。

伊曼紐返回老家後，在斯德哥爾摩近郊租了一套房住下，生活靠留在國外的兒子接濟。休息了一段日子後，滿腦發明構想的他又不安分了。

知識門

黑色火藥：
用百分之七十五硝酸鉀、百分之十硫和百分之十五木炭混合製成的火藥，黑色，粒狀，爆炸時煙霧很大。供軍用、獵用和爆破用，是中國唐代時發明的。

　　當時是十九世紀六十年代，時代的前進腳步越來越快，工業、建築、運輸都蓬勃發展起來，對金屬礦產和煤炭的需求量大大增加，可是開礦仍只用笨重的手工勞動，效率低，又危險。這情況引起了伊曼紐的深思。他曾多年從事用火藥製雷的研究，深知火藥的巨大力量，但是如何把它運用到生產上呢？

　　還是在聖彼得堡時，諾貝爾的家庭教師、俄國化學家津寧有一次來上課時帶來了這樣一個消息：「你們知道嗎，意大利人索普理羅發明了用**硝化甘油**製的爆炸甘油！」

　　這是個驚人的消息，因為硝化甘油具有猛烈的爆炸性，能加以運用絕對是一件大事。

　　津寧當時還為他們做了混合硝化甘油的小實驗，證明它比他們用在水雷裏的炸藥更為厲害。津寧説：「你們應該考慮在水雷中改用硝化甘油，但是它的爆炸性不好控制，這是有待解決的。」

　　回到瑞典的伊曼紐想起了這件事。雄心勃勃的他決定着手研究如何使用硝化甘油的事，他想：別人能辦到

知識門

硝化甘油：
把脱水甘油放在經濃縮、冷卻後的硝酸和硫酸中混和製成的，是一種爆炸力極強的烈性炸藥，經震動、撞擊或摩擦極易引起爆炸。

的事，我應該也辦得到；別人沒辦到的事，我應該也可以辦到。

於是他在家裏設了實驗室，又開始整天埋頭在試管堆裏工作。小兒子愛米爾這時已長成一個英俊的小伙子，受了父兄的影響，他也酷愛化學，自然就成了父親的最佳助手。

一天，諾貝爾收到父親從瑞典發來的信，信上説他已做到了別人沒做到的事——把普通的黑色火藥和硝化甘油混合起來，使火藥的爆炸力增加了二十倍！

其實諾貝爾沒有忘記津寧老師的話，他也一直在考慮烈性炸藥的問題。那時開鑿蘇伊士運河的工程正在進行，舉世矚目，諾貝爾時時在想：要是能在工程中使用一種新的、威力更大的爆炸物，豈不是可以加速工程進度，使運河早日造福人類？

現在父子倆想到一起了！諾貝爾很高興地覆信給爸爸表示支持，指出研究的關鍵是要解決如何引爆的問題。父子倆都深信，硝化甘油的使用是大有前途的。

為了解決研究的經費問題，諾貝爾再次去巴黎貸款。這次他成功了，他向一家銀行借到十萬法朗作為研究資金。於是，父子兩人就利用這筆錢，用各自不同的方式進行研究。

　　伊曼紐正式建了一間實驗室和工廠，採用意大利人的辦法，較簡單和穩妥地試產，在黑色火藥裏加進百分之十的硝化甘油，製造出一種「強化炸藥」。但由於學識所限，他想不出辦法控制爆炸，他的實驗室、工廠、住家和四周鄰居就好比坐在火山口上，人心惶惶。

　　諾貝爾在聖彼得堡則集中精力考慮解決兩個問題：一、找出一個控制爆炸的方法；二、把爆炸物改變為一種較安全的形式。他一連幾個星期鑽在實驗室裏，足不出戶，潛心研究。

　　一天，大哥羅伯特來看他，他興奮地拉着羅伯特往外跑：「大哥，我找到了一個新方法引爆，快跟我來！」

　　他把羅伯特帶到二哥盧德維克的工廠區，拿出一個密封的金屬管，點燃了連結在上面的一根引信①，然後把它扔進一條小河裏……

　　「蓬！」的一聲，水花四濺。諾貝爾高興地叫起來：「成功了！」

　　兩個哥哥忙問他這又是什麼新鮮花樣，諾貝爾解釋說，他是把裝有硝化甘油的玻璃管塞進黑色火藥的金屬

---

① 引信：引起炮彈、炸彈、地雷等爆炸的一種裝置。

管，再接一根引信引爆，看來這個做法是可行的。

正在此時，諾貝爾收到父親的來信：「盼速回國協助工作……」他迫不及待地回到父母身邊，與父親一起繼續使用硝化甘油的研究。

原來伊曼紐得到軍方的一筆資助，要進行一次爆破試驗，為了確保成功，他希望諾貝爾來到身邊。

那是一八六三年的事。試驗的結果，炸藥使用在槍彈裏完全成功，但在砲彈裏卻不行。雖然後來諾貝爾把火藥和硝化甘油混合起來使用，砲彈是爆炸了，但危險性太大，軍方不能通過。

整個夏天，諾貝爾在父親那簡陋的實驗室裏反覆試驗，他在取得水中引爆成功的基礎上，又着手研究陸地上的硝化甘油引爆裝置。他屢敗屢戰，毫不氣餒，經過了五十四次的努力，終於獲得成功，完成了他第一項劃時代的發明——「諾貝爾專利**雷管**①」。

這種雷管的最初形式是把液體硝化甘油放在密封的管子內，利用管子下面的少量火藥起爆，導火線裝設在裝有火藥的木箱上部。後來諾貝爾作了些改良，把木箱

---

① **雷管**：彈藥、炸藥包等的發火裝置，用容易發火的化學藥品裝在金屬管裏製成。

改為一種金屬裝填物。雷管的發明，肯定了爆炸技術的引爆原理，奠定了日後這種技術的發展基礎。由於這個原理，人們就能有效地利用硝化甘油及各種烈性炸藥。直到二十世紀，科學家們仍認為：

「自從發明黑色火藥以來，艾弗雷・諾貝爾的這項發明是爆炸技術領域內最偉大的成就。」

一八六三年十月十四日，瑞典辦公室正式批准諾貝爾的硝化甘油製品的第一項專利權，稱為「關於一種製造炸藥的方法」，註冊號碼為一二六一號。

這一年，諾貝爾的這個發明在英國、法國和比利時也獲得了專利權。

十月二十一日這天，是諾貝爾的三十周歲生日。家中燈火輝煌，賓客盈門，父母設宴一來慶賀諾貝爾的壽辰，二來祝賀他剛得的專利權，全家人都為諾貝爾取得的成功感到高興和自豪。大哥羅伯特以前是竭力反對諾貝爾進行這項研究的，他曾寫信勸道：「快快停手，別再搞這無謂的危險工作了。再這樣下去，你遲早會後悔的。你應該把你的聰明才智用在有意義的事情上。」如今，羅伯特承認自己的想法錯了，並衷心祝賀弟弟的成就。

母親安麗達望着神采煥發的諾貝爾，激動得熱淚盈

眠。她在心中輕呼：感謝上天，這個「**病包**①」終於長大成人了，我的艾弗雷終於成功了！

想一想

1. 諾貝爾父子倆決心研究硝化甘油的目的是什麼？

2. 諾貝爾的專利雷管在炸藥的使用方面有什麼重大的意義？

---

① **病包**：多病的人（含詼諧意）。

六 建立第一家工廠

諾貝爾取得專利，只是他在事業上邁出的第一步，之後要走的道路還長着呢。

關於硝化甘油炸藥，諾貝爾需要作很多改良：目前的雷管控制爆炸裝置還不夠理想，安全系數不高；硝化甘油的成分還要調整，以增強爆炸力……

小弟愛米爾曾經在這方面給諾貝爾提出過很有用的建議：他發現若是炸藥呈顆粒狀，硝化甘油就比較容易滲透進去，爆炸力也更強。諾貝爾從愛米爾的想法中得到很大啟示，由此着手改進炸藥的形狀。

愛米爾此時已長成為一個英俊漂亮的小伙子了，他二十一歲，剛進大學，聰明又勤奮。受了父兄的影響，他也自小就酷愛科學，尤其是化學這一門。一放假在家，他就一頭鑽進哥哥的實驗室，跟着父親和哥哥做試驗，也和他們一樣入迷，往往廢寢忘食，日夜不分。

可是，與炸藥打交道畢竟是一件十分危險的工作，尤其是在這研製階段。他們清楚地知道這一點，為了科學，只能是把自己的生死置之度外，敢於向死神挑戰。

雖然他們處處小心謹慎，但是災難還是降臨了……

　　一八六四年九月三日這一天，全家一起吃早餐時諾貝爾對母親說：

　　「媽，今天我要進城去一趟，不回來吃午飯了。」

　　「是不是去見斯密特先生？」爸爸問。

　　「是呀，已和他談了一次，他對我們的炸藥很感興趣，可能會投資呢！」諾貝爾說。

　　「若是能爭取到這位大富翁的支持就太好了，資金問題就能解決。」爸爸很高興。

　　「有希望，今天他約我再去談談，我會向他提出的。今天實驗室的工作就停一停吧。」諾貝爾對愛米爾說。

　　「不用停，我去接着做吧。」愛米爾熱情地說。

　　「不，還是等你哥哥回來一起做吧。」媽媽很不放心。

　　「媽，沒事的，我已經跟哥哥做過很多次了。」這是實話，愛米爾一放暑假回來，就一直泡在實驗室裏，他們正在研究如何淨化硝化甘油的問題。

　　「你去繼續做也好，有卡爾在呢。」諾貝爾說了這句後來使他一生後悔的話。

　　卡爾是諾貝爾的一位好助手，當時還十分年輕，但

工作很踏實，深得諾貝爾信任。

就這樣，諾貝爾進了城，愛米爾進了實驗室，伊曼紐夫婦倆在家。

午飯時間到了，安麗達知道愛米爾不到工作告一段落是不會回來的，也就不等他了，夫婦兩人先吃了起來。

正吃的時候，他們忽聽得窗外人聲嘈雜，有人在大喊：「失火了，失火了！」

伊曼紐夫婦吃驚地抬頭一看，只見諾貝爾的實驗室正冒出滾滾濃煙，還沒等他們叫出聲來，隨着一聲巨響，整個實驗室飛上了半空，被炸得粉碎！

「愛米爾！我的孩子，愛米爾！」安麗達發了狂似地哭叫着往外跑。

實驗室已成了一堆廢墟。人們湧了上來，卻不敢靠近，怕再次發生爆炸。安麗達不顧死活地要往裏衝，給鄰居們攔住了。

人們在廢墟裏找到五具屍體，其中有卡爾和愛米爾。好心的人們把伊曼紐夫婦勸回屋子裏，不讓他們見到愛米爾那燒焦的慘狀。

聽到實驗室失事的消息，諾貝爾急急從城裏趕回來。一回到家，他也被震呆了——實驗室被毀還是件小

事，他失去了得力的助手，更令人傷心的是，他們全家永遠失去了愛米爾，一個如此可愛、年輕有為的好青年！

愛米爾的死給了伊曼紐極其沉重的打擊。連續幾天幾夜，他躺在牀上不吃不喝，不言不語，兩眼直瞪天花板，好像失去了思維能力，變得神智不清了。

可是伊曼紐還得振作起來處理善後事項。因為實驗室的執照持有人是他，他要面對找上門來的警察的盤問，解釋出事的原因。

「根據我的判斷，這次出事的原因是在於溫度，」伊曼紐分析道，「愛米爾這些天在試驗簡化製造硝化甘油的方法，**硝酸**和雙倍**硫酸**混合後，要等到冷卻之後才加入甘油，然後再從混合溶液裏取出硝化甘油，溶液溫度不能超過攝氏三十度。硝化甘油本身是無害的，即使點燃了也不會爆炸，只會燒光。唯一的可能是愛米爾的試驗產生了強烈的反作用，那會使溫度上升到一百八十度，硝化甘油就會爆炸。唉，都是我不好，我應該常去實驗室走動走動，檢查一下溫度，事情就可以避免……」伊曼紐淚流滿面。

知識門

硝酸：
無機化合物，有刺激性氣味，是一種強酸，具腐蝕性。俗稱硝鏹水。

硫酸：
無機化合物，無色油狀液體，是一種具有高腐蝕性的強酸，用以製炸藥。

「不，責任不在我爸，」諾貝爾為爸爸辯護，「雖然生產爆炸材料的執照是他的，但硝化甘油是我的專利，我應對生產中發生的事故負全部責任。」

警方追問：「生產這種危險性很大的爆炸材料，為何事先不通知警方？」

伊曼紐說：「目前還只是在試製階段，並沒有大量生產，所以沒想到要通知警方。」

這些也確是事實。所以警方沒有重判此案，只是下令禁止諾貝爾父子在城區繼續生產硝化甘油，便了結此案。

不料伊曼紐經不起這一連串的折騰，不僅精神崩潰，還得了中風病，長期臥牀不起，八年後去世。這位原本精力充沛的發明家，為硝化甘油付出的代價可謂不輕。

但是諾貝爾卻沒有被這次打擊壓垮。爸爸病倒在牀，現在他要獨力擔負起全部工作。此時，家庭的經濟狀況也相當拮据，安麗達省吃儉用、精打細算，操持着一家的生活。幸好三個兒子都很體恤母親的難處，盡力接濟家裏。與父母同住的諾貝爾更是要在從事科研及生產的同時，分心照顧家庭，分擔母親的憂患。

從另一角度來看，這次爆炸反倒是對諾貝爾事業的一次促進——意外事件證明了硝化甘油的巨大威力，使

富翁斯密特對諾貝爾所從事的研究更有了信心。這位思想開闊、目光遠大的工業家預測到硝化甘油今後在工業生產中的重要作用，認定諾貝爾的事業是大有前途的，便決定大力支持他。

就在這一年的十月，世界上第一家硝化甘油有限公司成立了，斯密特和他的合伙人佔一半股份，另一半股份屬諾貝爾所有。這樣，瑞典成為世界上生產新興的烈性炸藥的一流國家。

為了選擇生產硝化甘油的廠址，諾貝爾真是費煞苦心。實驗室爆炸事件在人們心中造成的陰影久久不散，硝化甘油工廠到哪兒都不受歡迎。最後，諾貝爾想了一個不得已的辦法：他買下一艘帶有棚蓋的**駁船**，把船停

知識門

駁船：
用來運貨物或旅客的一種船，一般沒有動力裝置，由拖輪拉着或推着行駛。

泊在遠離居民區的湖心，船上安裝上生產主機，利用最簡單的儀器和工序，開始生產「諾貝爾專利爆炸油」。他自己身兼經理、總工程師和會計，日夜操勞。

當時，瑞典全境正在大造鐵路，急需高效力的爆炸物。諾貝爾進行了幾次大膽的實地試爆，使鐵路局相信這種硝化甘油的爆炸力遠遠超過黑色炸藥，正式批准應用，並立即在隧道工程中使用了它。於是訂單源源而

來，小小的駁船工廠很難滿足需求。

　　終於在第二年，三十二歲的諾貝爾獲得了在一處叫溫特維肯的荒郊建廠的許可。此後的五十年內，工廠的生產能力不斷擴大，業務蒸蒸日上。

想一想

1. 實驗室爆炸事件給諾貝爾一家造成什麼樣的打擊？他們是怎樣承受下來的？

2. 為什麼在發生了這意外事件之後，諾貝爾的硝化甘油事業發展反而得到了促進？這說明了什麼？

七 炸藥王

　　諾貝爾永遠不能忘記弟弟的慘死，傷痛之餘，也促使他下決心儘快進行研究，改進炸藥使用中的安全問題，使這威力強大的「惡魔王」能乖乖地受人類控制，為人類服務。

　　為了改良炸藥，諾貝爾絞盡腦汁、費盡心思，取得了一些成就後並不滿足，而是精益求精，力求做得更好。為了炸藥，他付出了一生的精力和心血，終於在炸藥的成分、調配、形式和裝置上作了一系列的改進，使它成為一種較完美的爆炸材料，廣泛運用於開山築路開礦工程，造福於人類。至於後來炸藥被用來製造武器彈藥，那不是他的本意，為之諾貝爾也十分不安，這我們留待後面再講。

　　促使諾貝爾全力投入研究的原因，是硝化甘油在使用和運輸過程中接二連三發生的一系列意外爆炸事件。

　　硝化甘油的生產在瑞典站穩腳跟後，產品被廣泛使用，大大節省了投入巨型工程的時間和勞力，這引起了世界各地人們對硝化甘油和改良雷管的普遍興趣，紛紛

要求試用。

於是，諾貝爾的大哥羅伯特在芬蘭用少量資本開創了事業。他舉行了兩次試爆，比較黑色炸藥和硝化甘油的威力。試爆很成功，但芬蘭國土不大，對此種爆炸物的需求有限。見此情況，諾貝爾就和哥哥商量：

「大哥，芬蘭的市場不大，看來沒什麼發展前途。我這兒需要人，不如你回來吧！」

羅伯特接受了諾貝爾的建議，來到溫特維肯，和諾貝爾的童年好友、工程師柳德別克一起管理工廠。這樣，諾貝爾就騰出手來開拓其他市場。

考慮到硝化甘油在遠途運輸中很易產生意外，諾貝爾就着手在世界各地建造工廠，就地生產各國所需的硝化甘油。

英國早在一八六三年就批了爆炸油發明專利權，但對使用它的興趣不大。直到諾貝爾一再去親自進行示範表演，並取得了安全的儲存場地之後，才同意進口。僅北威爾士的採石場，兩三年內就用了九噸爆炸油，價格比普通炸藥高出很多，所以也想在當地建廠。

成績最好的是德國。一八六五年，諾貝爾接受了來自德國漢堡的一項聯合生產的邀請，六月在易北河畔的克魯梅爾建立了第一家國外公司——「艾弗雷·諾貝爾

公司」，僱了五十名工人進行較大規模的生產，產品還遠銷別國。

一八六六年，諾貝爾取得了在美國製造和使用硝化甘油的專利權。克魯梅爾生產的諾貝爾爆炸油使用在穿越內華達山脈的鐵軌鋪設工程中，節省了幾千萬美元的開支。美國對硝化甘油的需求迅速增長，促使諾貝爾當年就在那裏開設了一家大公司——「美國爆炸油公司」，不久便在里士滿建立了工廠從事生產。一八六八年又在紐約成立了「大西洋大火藥公司」。

這時，諾貝爾在德國、美國、挪威、捷克、芬蘭、英國、法國、西班牙、葡萄牙、瑞士、意大利都設有分公司，生產炸藥。諾貝爾整年在外巡視，監督產品質量，檢查賬目及經營情況，並負責宣傳廣告事項。勤奮的諾貝爾還常常親臨買主那兒表演爆炸程序，並親手散發說明書呢。

諾貝爾在不同國家取得了極好的開端，但問題也接踵而來。由於運輸者和消費者缺乏常識，不熟悉硝化甘油的脾性，一有疏忽，就發生爆炸意外。

當時生產的硝化甘油大都裝在**馬口鐵**①罐，或以柳條

---

① **馬口鐵**：一種鍍錫的鐵。

包裹的玻璃瓶中，利用馬車、火車、輪船等工具運送到各地。雖然包裝物外面寫着「小心輕放」等字眼，但人們仍常常掉以輕心。有人竟用硝化甘油來點燈、擦鞋、潤滑車輪，或任意敲打油罐。於是硝化甘油進行報復了：關於爆炸意外的報告不斷傳來——倉庫爆炸、工廠車間爆炸、輪船爆炸……死了不少人。人們被嚇得驚慌失措，紛紛指責諾貝爾說：

「這人發明的爆炸油簡直是『送命油』、『死亡油』啊，誰沾上它就沒命！」

「這種發明只為賺錢，不顧別人死活！」

黑色炸藥的生產者更是趁機加油添醋渲染一番，使人幾乎談「油」色變，運輸工人更是不敢去碰。於是用戶們產生了恐懼心理，一些國家下令禁止進口，諾貝爾的工廠陷入困境。

禍不單行，正當諾貝爾在紐約調查幾樁意外事件時，傳來了可怕的消息：

位於德國的克魯梅爾工廠發生爆炸！

諾貝爾匆匆趕回去，面對一片廢墟，欲哭無淚。可是他並不氣餒。這一連串的事故更為他敲響了警鐘：爆炸油一定要改良！

他一面重振工廠，一面加速研究，要把硝化甘油

改成固體或粉末狀，這就會安全得多。他躲進實驗室，廢寢忘食，利用了多種物質材料——矽土、紙漿、各種紙、木屑、泥、煤、黏土、石膏……研究如何把硝化甘油吸入一種多孔的材料中，使它能夠防漏、防壓、防震，又不減爆炸力。多次試驗都失敗了。

一天，諾貝爾在檢查包裝時，注意到收藏炸藥的馬口鐵罐上的一種多孔塗料，頓時腦內一個念頭一閃：這種矽藻土質輕，又不易燃，所以我們用它來封罐口，能不能利用它呢？

諾貝爾把這想法告訴了柳德別克，他聽了也很興奮：「這矽藻土到處都有，是很平常的東西，沒什麼商業價值。若是能用，成本會是很低的。我們快動手試吧！」試驗結果，他們把矽藻土和硝化甘油以一比三的比例混合成一種膠狀的固體炸藥，爆炸力比一般火藥大五倍。雖然它的力度比硝化甘油小四分之一，但具有防震、防衝擊、易搬運和易處理的多種優點，消除了液體硝化甘油使用中的不安全因素。

這就是艾弗雷・諾貝爾的劃時代產品——黃色炸藥，也被稱為「諾貝爾安全炸藥」。一八六七年申請到

知識門

矽藻土：

一種自然的藻類土，是矽藻死後，它的細胞壁經過幾百年的沉積而形成，質輕不易燃，孔多而吸收性強，曾用來粉刷羅馬的教堂圓頂。

專利權後在世界各地的諾貝爾工廠裏大量生產，它既安全又使用方便，各國把它應用於礦業、工業、交通等領域，許多以前無法施工的大工程都得以一一完成。

黃色炸藥解決了炸藥在實際操作中的許多難題，成為日後炸藥化學工業發展的基礎。這是三十四歲的諾貝爾對世界的巨大貢獻。

這項發明引起全球關心。當時僅二十一歲的愛迪生在雜誌上讀到這消息後感到震驚，立刻找材料作試驗。他在日記中記述了這件事：

「我們用極少量的材料做實驗，卻產生了遠出意料之外的結果，這才認識到此物非同尋常⋯⋯我連忙把剩下的炸藥包好，放進瓶裏，在清早六點鐘偷偷地埋進一條街的角落裏。」

一八六八年，一件天大的喜事降臨到諾貝爾家——瑞典皇家科學院授予諾貝爾父子一枚金質獎章，表彰伊曼紐「在應用硝化甘油作為炸藥方面的貢獻」，以及諾貝爾的「黃色炸藥的發明」。

伊曼紐因中風而癱瘓在牀，已經有好幾年了。諾貝爾領回來獎章和獎狀，交給躺在病榻上的爸爸，深情地柔聲説道：「爸爸，這是屬於您的，是您應得的。」

伊曼紐也激動得流下了眼淚。能夠在有生之年看到

自己為之奮鬥一生的研究項目開花結果，看到自己的理想在兒子手中得到實現，老人感到十分寬慰。

在成功和榮譽面前諾貝爾並沒有停步，他覺得黃色炸藥不太理想，有待進一步改善。因為不活躍的矽藻土降低了爆炸力，他要研製出一種既有硝化甘油的爆炸力，又像黃色炸藥那樣安全和容易處理的炸藥。

一八七五年的一天，諾貝爾在工作時不小心被試管割破了手，便在傷口上敷了**火棉膠**。夜間，傷口痛得他在牀上輾轉反側，不能入眠。他想：怎麼傷口會這樣疼？一定是什麼東西滲過硝化纖維在刺激傷口……忽地，一個念頭在他腦際突然閃亮：能不能把硝化纖維與硝化甘油相結合而達到預期的效果呢？他再也睡不着了，立刻翻身下牀，跑到樓下實驗室去連夜工作。

第二天早上，當他的助手喬治來上班時，一份新型的炸藥樣本已放在了桌上——這就是諾貝爾試製成功的爆炸膠，即**明膠炸藥**。

這種醬狀的物質和黃色炸藥一樣安全、易於管理，但爆炸力比黃色炸

知識門

火棉膠：
把硝化纖維素溶解於酒精的藥物，敷在傷口後形成薄膜，起保護作用。

明膠炸藥：
把一定數量的膠狀硝化纖維素溶液混合進硝化甘油裏而製成的一種炸藥，也叫爆炸膠。

藥和硝化甘油都強得多，價錢便宜又實用，而且不受濕氣和水分影響，可以在水中使用。之後幾十年間，它一直在工業和交通服務中保持着最有效和最暢銷的地位。

這項發明，是諾貝爾和他年輕的助手、法國化學家喬治·弗倫巴克經過二百五十多次試驗，才最後完成的。可見，取得成功是多麼不容易啊！

勤奮的諾貝爾並不到此止步。一次成功，只是另一次新試探的開始。從一八七九年開始的八年時間裏，他花費了大量時間來研究如何使炸藥減少冒煙的問題。他再一次得到了巨大的成功——於一八八七年發明了一種幾乎不冒煙的炸藥，叫「混合無煙炸藥」或「諾貝爾炸藥」。它是用**賽璐珞**這種物質製成的，優點是能產生巨大力量，但不留下任何渣滓；接近無煙，可以無限期地儲存，而且便宜。

知識門

賽璐珞：
塑料的一種，由膠棉和增塑劑、潤滑劑、染料等加工製成，透明，可染成各種顏色。舊稱假象牙。

這次發明被認為是最傑出的，因為它是混合兩種高爆炸力炸藥，製成一種完全新型的炸藥。它一問世，就受到各國的歡迎。至此，艾弗雷·諾貝爾在炸藥領域內的地位是至高無上的了，他被人們稱為「炸藥王」也是當之無愧的。

想一想

1. 為什麼說諾貝爾被稱為「炸藥王」是當之無愧的？

2. 從諾貝爾發明並改良炸藥的整個過程中，你得到些什麼啟發？

八 開拓國際性事業

　　艾弗雷‧諾貝爾發明的炸藥具有巨大的威力，引起人們的普遍重視和廣泛使用，終於成為人類生活中不可缺少的東西，諾貝爾也由此而建立了他龐大的國際性事業，成為世界上第一個全球性的跨國資本家。

　　可以説，在地球各處都有經過艾弗雷‧諾貝爾之手而完全改觀的地方，其中有些是因為炸藥的爆破而開發出來的新地區，有些則是因建立炸藥工廠而使荒漠變為綠洲。因為生產這種危險品的工廠廠址必須選在渺無人煙的荒野，工廠的運作就直接促進了該地區的經濟發展。請看蘇格蘭的艾德亞一地的例子：

知識門

蘇格蘭：
英國的一部分，在大不列顛島北部，包括周圍許多小島。

　　艾德亞本是個氣候乾旱的荒涼地方，諾貝爾曾形容它是「連餵兔子吃的飼草都長不出來的地方」。六十年代諾貝爾選在這裏建廠生產炸藥，不到十年功夫，它已成為一個生氣勃勃的小市鎮，不僅有自己獨立的水、電、煤氣等設施，對外交通也十分方便。十五年後，這

個工廠竟成為全球數一數二的大廠，生產的炸藥佔世界總需求量十分之一！

知識門

斯堪的納維亞：
歐洲最大的半島，在北歐巴倫支海、挪威海、北海同波羅的海之間，包括挪威、瑞典和芬蘭的西北部。

發明了黃色炸藥以後，諾貝爾在**斯堪的納維亞**、芬蘭和德國建立了第一批工廠生產。七十年代初期開始，才大力開拓歐洲和美國的市場，那是在經濟困窘的情況下着手進行的。

諾貝爾於一八七六年重建位於德國、一度被炸毀的克魯梅爾工廠，後改為「德國─奧地利─匈牙利黃色炸藥有限公司」。那裏還建造了一座大型的研究實驗室。

雖然蘇格蘭政府強烈反對使用烈性炸藥，但是諾貝爾不屈不撓，親臨當地示範操作、講解宣傳……終於在一八七一年與蘇格蘭人一起建立了「英國黃色炸藥有限公司」，一八七五年又成立了一家「諾貝爾炸藥有限公司」。於是，黃色炸藥在英國也被廣泛應用於工業、農業、運輸業，取得了巨大的經濟效益。後來明膠炸藥在英國的推廣成功，要歸功於阿貝爾教授，他曾以公正的態度公開證實諾貝爾的明膠炸藥是「從各方面所見最優秀的炸藥」，這對英國政府最後決定發給生產許可證起

了重要作用。所以諾貝爾稱他是「明膠炸藥在英國的傑出辯護人」。

事實證明，在工業化的發展中強力炸藥是必不可少的。黃色炸藥日益發揮出它巨大的威力；需求量迅速增長。這使各國政府終於認識到，現有禁止生產、運輸和銷售黃色炸藥的做法是有損本國利益的。於是，禁令一個接一個解除，到一八七一年，最後一道法律障礙也撤銷了，諾貝爾炸藥獲得舉世公認。

諾貝爾在法國、挪威、奧地利、西班牙、意大利等許多地方建立了火藥公司。幾年內，他的股金收入就大大超過了在各國出售專利權所能得到的報酬。自此，他的經濟情況才漸漸好轉。

為了重新組織他在西歐的企業和潛心於研究，一八七三年諾貝爾離開了克魯梅爾，遷居到巴黎。爆炸膠就是在這兒發明的。

諾貝爾的兩個哥哥羅伯特和盧德維克在父親破產以後，各自在芬蘭和俄國繼續奮鬥，幾番起落，相當艱難。後來，他倆的境況逐步好轉，在聖彼得堡建立了自己的生產機械和武器的工廠，繼承了父親的事業，成為機器製造業中的主要企業家，並且獲得了很大的成功。

三兄弟又開始攜手合作，共同開拓家族事業了。

一八七三年，羅伯特注意到**高加索**的巴克地區蘊藏着豐富的石油，便設法取得了開採權。盧德維克資助他在那裏興建了煉油廠。其後，因為同行間競爭劇烈，必須增加投資、擴充設備才有發展前途。於是盧德維克來到巴黎找諾貝爾商量：

知識門

高加索：

俄國境內黑海、亞速海和裏海之間的廣闊地區，大高加索山脈橫貫中部，盛產石油，天然氣和各種礦石。

「艾弗雷，是時候了，讓我們重建我們的家族事業吧！」

諾貝爾當然是支持哥哥的，他毫不猶豫地答道：「當然好啦！這是爸爸生前未完成的願望，現在我們有條件去做了。你說吧，有什麼好建議？」

盧德維克就把巴克煉油廠的現況介紹了一下，說：「石油開採是十分有前途的事業，值得我們投入去做。現在我的機械公司有七個股東也想加入，加上我們兄弟三個，共十人。我盡量保持半數以上的股份，你也加入一部分，這樣實力就雄厚了。」

諾貝爾欣然同意。

盧德維克具有超人的組織能力，由羅伯特開創並慘淡經營的石油開採事業，在盧德維克手中走上了成功之路。

　　一八七九年，位於聖彼得堡的「諾貝爾兄弟石油生產公司」正式成立。他們的工廠從原油生產汽油、輕油、燈油以及所有的石油副產品，煉油用的機器和化學劑是在當地製造的。煉出的油通過自己的油管和油罐車，穿過荒原沙漠，輸送到瑞典製造的自備油輪上，再運到各地。這是世界最早的油輪，被認為是「除了高效炸藥之外，世界應該感激諾貝爾家族的另一項重大成就」。

　　從那時起，諾貝爾對石油企業也產生了興趣。在他的參與和具體指導下，公司業務突飛猛進地發展，帶來豐厚的收入。盧德維克不想積聚資本，而是把錢都花在改善設備、擴大生產、提高員工待遇方面。同時在兩地經營兩種不同性質的事業，其中的困難是不言而喻的，但是盧德維克發揮諾貝爾家族傳統的活力和樂觀精神，一一加以克服。

　　諾貝爾在二十個國家建立了諾貝爾公司，有幾百家工廠生產他的專利產品和附屬品。由於他不斷改進自己的專利發明，不時有新產品推出市場，公司的信譽日益提高，人們都爭相購買他們的股票。

　　諾貝爾的世界工業**如日中天**[①]。很自然地，他的公司

[①] **如日中天**：比喻事物正發展到十分興盛的階段，好像中午的太陽。

的業績受到其他炸藥公司的妒嫉，同行間進行着劇烈的競爭。非但如此，就是諾貝爾公司內部和各工廠之間，也往往會因爭奪市場等問題而鬧矛盾，出現了不體面的爭鬥。

為了協調彼此之間的關係、保護整體的利益，自一八七三年至一八八六年，諾貝爾作了不斷的努力。

他首先在各國設立獨立的總公司，接管原來的各個工廠，使組織更嚴密。例如在法國，諾貝爾的所有專利權和工廠，於一八七五年都轉歸新建的一個公司——「黃色炸藥和化工品生產總公司」。在其他國家也是一樣。

一八七五年，諾貝爾把所有為黃色炸藥公司服務的國際技術諮詢機構，集中為一個「黃色炸藥製造**辛迪加**」，由製造黃色炸藥的一流專家、瑞典人柳德別克負責。

一八八六年，諾貝爾為維護團體利益的努力達到了頂點——完成了企業的大規模合併，組成了兩個**托拉斯**，一個是英德系統的，總部在倫敦；另一個是拉丁各國系統的，以巴

黎為大本營。這兩大企業集團的形成，為日後集團在工業、商業方面的大發展奠定了基礎。

在一八九六年，九十三家諾貝爾大工廠的炸藥總產量為六萬六千五百多噸，後來的生產量更高。一位炸藥專家曾計算過：一公斤黃色炸藥平均能炸掉三立方米岩石，所以一年內共爆破了五百億立方米岩石，可以堆成高二米厚二米的牆，繞赤道兩圈。

1. 炸藥的發明，對人類有什麼重大意義？

2. 成立兩個大托拉斯對諾貝爾的事業有什麼意義？

九　晚期的發明活動

　　艾弗雷・諾貝爾被公認是位大實業家、大財政家。他建立了炸藥王國，組成了國際托拉斯，為了協調各部門、各分公司之間的關係，為了集團的整體利益，諾貝爾不得不在世界各地奔波。他積極參加擴展計劃和開始每項新工程，推動它取得成功。不管他在哪裏，都能顯示出他的高度效率和充沛精力，顯示出他是一位成功的生意人和有鼓舞力量的組織者。

　　但是，諾貝爾畢竟是一位科學家，一位發明家，他的興趣在實驗室，而不是在商場。對各公司的具體工作，他很少親自過問，他常說他對這方面的工作不感興趣，認為這類事務對他的研究工作有很大干擾。所以他在各地的分公司內都不設私人辦公室，而是要求為他特闢一間實驗室，處理完瑣事後就爭分奪秒地開始他的研究。

　　為了重組西歐的企業，也為了有個安靜的環境潛心鑽研，一八七三年諾貝爾遷居巴黎。他在凱旋門附近買下一幢房子，舒適的書房和設備齊全的實驗室令他心滿

意足。他聘請了能幹的喬治‧弗倫巴克作助手，開展研究工作。這位年輕的法籍化學家在諾貝爾以後十八年的發明活動中發揮了重要的作用。

自一八六〇年至七〇年代初期，諾貝爾的發明活動都集中於硝化甘油和炸藥上。發明了明膠炸藥之後，他便從事開發其他技術。例如對炸藥生產有很大關係的硫酸濃縮法，熱帶地區的工廠及住宅的冷氣設備，液體**瓦斯**[①]及輕油裂解等。他的發明活動也涉及與炸藥完全無關的領域，如一八七八年在法國取得機車的自動剎車和不會爆炸的鍋爐的專利，一八七九年在英國取得提煉鑄鐵的專利，一八八四年在維也納試製成一種醫療用的麻醉裝置等。

一八八〇年代後期開始，諾貝爾又把研究的重點轉到炸藥方面。根據諾貝爾財團的專利目錄和研究所日誌來看，他曾有過令人吃驚的各種發明。例如，他曾試驗吸濕性安全包裝，製造不太敏感而又價廉的**信管**[②]、不受水分影響的導火線等等。

當時，歐洲各國出自政治上的需要，尋求一種威力

[①] **瓦斯**：氣體，特指各種可燃氣體，如煤氣、沼氣等。
[②] **信管**：即引信，引起炮彈、炸彈、地雷等爆炸的一種裝置。

強大而又不冒煙的炸藥，用來製造砲彈、魚雷和其他軍用物資。因為諾貝爾發明的炸藥本意不在此，所以不合用。於是各國科學家紛紛為此努力，但都沒成功。

　　早在一八七九年時，諾貝爾就考慮到無煙火藥的問題，也着手研究，八年之後他終於用賽璐珞製作而獲得成功，被稱作諾貝爾炸藥。

　　他首先在法國申請專利，但法國政府為保護本國科學家的發明權益而拒絕了他的申請。他就把這專利售給意大利，並在那兒設專廠生產。這下觸怒了法國人，當地輿論一致譴責他是產業間諜，他被判監禁兩個月，研究所被查封，實驗設備也被沒收了。諾貝爾不得不停止工作，被迫離開這個居住了十八年的地方。

　　一八九一年，諾貝爾賣掉了巴黎的大宅，遷到了意大利的**聖雷莫**居住。當時的諾貝爾已是百病纏身——由於長期接觸硝化甘油引起的頭痛、慢性氣管炎、飲食過於簡單而引發的壞血症等，他想在這兒好好休養。

知識門

聖雷莫：
位於意大利西南部，近地中海。諾貝爾在此居住至病逝，至今仍保留着他的故居「諾貝爾莊」。

　　另一方面，諾貝爾實在是厭倦了處理公司業務等瑣事，很想從實業界退下來，他曾寫信給一位友人說道：

「我對炸藥生意已感到厭煩並疲憊不堪，層出不窮的事故、死板的法規、各種各樣的陰謀⋯⋯搞得我頭昏腦脹。我盼望安靜的生活，我希望埋頭於科學的研究，可是每天都發生傷腦筋的事，使我夙願難償。⋯⋯我希望能從實業界完全退下來，我不願在貪得無厭的人們之間擔當調解者⋯⋯豈只是不習慣做生意，我實在是由衷地厭惡它，所以沒有理由要我去解決問題啊！那些事對我來說好比是屬於月球上的人們的事，我對它們一無所知⋯⋯」

因此，在遷居意大利之前，他堅決辭去所有黃色炸藥公司董事會成員的職務。但他仍必須經常外出旅行，到各地的工廠和公司去處理一些非親自處理不可的事情。他盡量避免政治的、實業的糾紛，以免讓這些雜事對研究工作做成干擾。

諾貝爾在巴黎的助手喬治因為不願離開祖國，沒有隨來。一八九三年，諾貝爾又聘請了一位炸藥化學家，他是二十三歲的瑞典人拉格納・索爾曼，剛從美國學成回到歐洲。這位能幹、謙虛、清純的年輕人日後不僅是諾貝爾「極少數的心腹」之一，而且也是諾貝爾指定的兩位遺囑執行人之一。他曾克服重重困難和障礙組成了諾貝爾財團，並一直為之奮鬥。

諾貝爾在聖雷莫海邊建了一座伸向海裏的小碼頭，用以進行火藥和火器實驗。他在這裏的五年內進行了緊張的工作，幾項沒能完成的重要發明的基礎工作，都是在這時做的。

在炸藥領域裏諾貝爾的最後貢獻，是「改進型無煙炸藥」的發明。諾貝爾具有多方面的豐富想像力，除了化學，他的研究範圍還涉及光學、電子化學、機械學、生物學和生理學，他在各國取得的發明專利有三百五十種之多。

諾貝爾繼承了父親的想法——用製造炸藥的材料來生產橡膠、**古塔波膠**和皮革代用品。他所做的一些試驗促成了後來人造橡膠和人造皮革製造的成功。

諾貝爾還利用硝化纖維試製人造絲。他還從事改進唱片、電話、電池，和試製半寶石及全寶石的工作。他甚至還考慮到如何利用氣球或火箭在空中照相，並斷言未來的空中旅行會用螺旋槳推進的高速飛機……

諾貝爾曾説過：即使我明知在一千個構想中只有一個可用，我也就滿意了。

知識門

古塔波膠：
由馬來西亞產的橡膠樹樹液製成的硬橡膠物質，可作絕緣體等。

想一想

1. 你認為諾貝爾能成為成功發明家的因素是什麼？

2. 身兼實業家的諾貝爾，是如何從繁忙的事務中抽暇堅持科學研究的？讀了他的事跡你有什麼感想？

十 可敬的偉人

諾貝爾一生研究炸藥，把個人生死置之度外，一次次地從事危險的試驗，屢敗屢戰，越戰越勇。他這種為科學獻身的精神大家有目共睹，深為世人讚揚。可是除此以外，人們對這位偉人了解甚少，這是為什麼呢？

這是因為諾貝爾天生謙虛，從不願張揚自己，很少在人前談自己，也不寫私人的日記。直到他成名以後，他還是不肯寫什麼自傳和傳記來宣揚自己。

有一天，諾貝爾在實驗室裏埋頭工作，二哥盧德維克來找他：

「艾弗雷，我正在整理我們的**家譜**①，你寫一份自傳吧！」

「不用吧，我不寫！」諾貝爾一口回絕。

「你現在是世界聞名的大人物，家譜裏怎能沒有你的資料？你是一定要寫的！」

「我從來不寫什麼自傳的！」

---

① **家譜**：家族記載本族世系和重要人物事跡的書。

不管哥哥怎麼懇求，諾貝爾就是不答應。最後盧德維克退一步說：「我知道你很忙，抽不出時間寫。這樣吧，由你口述，我來記錄和整理，這不會耽誤你多少時間的。」

諾貝爾還是不同意，他用堅決的口氣嚴肅地對盧德維克說：

「哥，我真的不想寫。你想想，在浩瀚宇宙中有像**恆河沙粒**[①]那樣無數的星球，我們這樣渺小的個人是太微不足道了，有什麼值得寫的呢？」

面對諾貝爾這樣寬闊的胸懷，盧德維克無話可說，只得歎息着離開了。

諾貝爾一向不喜歡拋頭露面。他曾在一封信中寫過這麼一句話表達對所有愛出風頭的人的反感：「在這自轉的地球上蠢動的十四億隻沒尾巴的猴子中，想成為出類拔萃的努力是非常可憐的。」他自己也厭惡在大庭廣眾之間露面，不喜歡被拍照或被報章宣傳。

有一次，他名下一間公司的主管來見他，向他要一張照片刊登在公司出版的刊物上。不料他回答說：

[①] **恆河沙粒**：形容數量極多，像恆河裏的沙子一樣。這原是佛經裏的一句話，恆河是印度的大河。也作「恆河沙數」。

「我沒有照片，從來沒有的。」

「那我們來給你拍一張吧。」主管說。

「不用了，為什麼要登我的相片？別登了吧！」諾貝爾不想這樣。最後，他和公司主管達成協議：若是刊物上刊登全體職工的相片，諾貝爾就同意拍張照片登上去，不然就別想。

諾貝爾一輩子看不起各種名譽頭銜和公開的表揚，有時為了不使懷有善意的人們傷心而勉為其難地接受。他曾在信中開玩笑地寫道：「掛在胸前、腹部，有時則佩戴在背部的紀念章、勳章之類的東西……應該銷聲匿跡，希望自己不再為這些像用馬口鐵做的玩具所煩。」

曾經有位船主為讚美諾貝爾的業績，想把他新造的輪船命名為「艾弗雷・諾貝爾」，諾貝爾堅決不允。他幽默地拒絕道：

「這樣做有種種困難：第一，船是女性，若是任意給她**變性**①，她一定會生氣的。第二，您說那是一艘很摩登的船，那麼，以我這個老朽不堪的人之名為名，不是很不吉利嗎？」

---

① **變性**：改變性別。西方國家的文化中，普遍視船為女性，代名詞常以「她（she）」來稱呼。

有人説，諾貝爾可被稱作「當代第一謙虛的億萬富翁」。

諾貝爾在四十至五十八歲居住巴黎期間，雖已是位可以恣意享受的大富豪，但他一直保持着儉樸、簡單的生活方式。他的住宅裏家具很少，可以説是沒什麼裝飾，而他的實驗室卻是安裝了一切最新最先進的儀器設備。他衣着隨便，只要自己覺得穿着舒適就好，不講究時髦，在工廠裏被人戲稱為「流浪漢」。他出門不喜歡前呼後擁，進工廠從不走大門，而是從後門偷偷溜進辦公室或實驗室，躲避與人們不必要的接觸。

雖身居花都巴黎，諾貝爾卻幾乎不參加這個大都市的社交活動，他對一些人終日無所事事的不負責任的態度、墮落與沉迷享樂而貽害社會的行為非常厭惡。他只酌情和一些志趣相投的朋友參加理智又具學術性的集會，興致高的時候他會高談闊論。他能流利地説五個國家的語言，他常提出與人相反的議論，並為談話添上有趣的話題，使人覺得他是個閱讀廣泛、通達事理而富於獨創性的人物。他的朋友們説：

「諾貝爾説的故事或哲學思想非常有趣，使人不由得側耳傾聽。」

「若跟諾貝爾談話一小時以上，則令你既快樂又辛

苦。因為他會出人不意地轉變話題，或提出完全不同的看法，你非凝神諦聽不可。他談話時，話題會一個又一個的轉變，他的思維瞬息萬變，異常活躍。」

諾貝爾自己既不抽煙，也不喝含酒精的飲料。他不玩撲克牌，不玩樂器，不跳舞也不聽音樂，卻擅長玩桌球和西洋棋。雖然他自己生活節儉，但卻不虧待客人。經常有客人來拜訪他，諾貝爾歡迎他們的來訪，總是以上好的菜餚款待，待客很周到。

諾貝爾樂於助人。在他成名後，他經常被形形色色的要求資助的人所包圍。一八八〇年末，他曾作過一個統計：

「我每天大約收到兩打左右的這類信件，要求資助的總額約為兩萬**克郎**①，所以一年的總數將達七百萬。我與其被認為是個慷慨的人物，毋寧被認為是個小氣鬼。」

諾貝爾雖然拒絕了許多人的要求，但像他那樣樂於助人的也確實少見。他對有志氣的年輕人特別慷慨，當他對他們提出的計劃感興趣時，就會熱心地幫助。這是因為諾貝爾牢記着自己少年時代是如何艱苦度過的。他對真正需要幫助而肯努力上進的青年或是對人類有益的科研事

①**克郎**：瑞典貨幣單位。

業，是不會說「不」的；而對建造銅像或慶祝會之類的資助，他是從來不點頭的。關於這一點，他解釋說：

「我以為與其建立懷念死者的紀念碑，不如對生者的日常生活表示關心才好……如要對死者表示尊敬，倒不如救助陷於苦況的生者。因為你即使為該死者建立銅像，他也無動於衷啊。」

對於用各國語言寫來的要求信，諾貝爾除了給予經濟上的援助之外，也往往給予精神上的忠告。諾貝爾很喜歡寫信，寫的回信也常留有副本，這些來往的信件被裝訂成好幾冊，存放在諾貝爾財團的文庫中，是研究這位偉人的重要資料。他給人的忠告有涉及技術的，也有是關於道德領域的，有時這些忠告是很嚴厲的。

諾貝爾具有精細的觀察力，對人對事用科學的、批判的眼光來分析。無論對方的貧富貴賤高低，只要他是認真工作、盡自己最大努力的，諾貝爾就給予很高評價，對陷入困境的勤勞的人們他必給予援助。從他寫給各地工廠管理人員的信件中可以看出，他十分關心工人，指出工廠工作要以嚴密的安全措施為重點。他認為工作中一點點的失策或疏忽，會導致嚴重的後果。因此，為了安全應該別顧慮經費問題了。工廠裏很多設備的改良是出自諾貝爾提出的計劃，工人們對這位老闆非

常崇敬。

有一次，他那巴黎的女廚師因為要結婚而向他辭職，諾貝爾同意了，並問她：

「我送什麼禮物來向你表示祝賀呢？」

這位法國女郎開玩笑說：「老爺一天的收入吧！」

諾貝爾吃了一驚，但還是認真地計算了好幾天，最後贈給她四萬法郎作賀禮，這筆錢足夠她一輩子都能過舒適的生活。

對別人慷慨大方，自己節儉簡樸，諾貝爾就是這樣一位令人肅然起敬的人。

想一想

1. 從諾貝爾的日常生活中可以看出他是個什麼樣的人？

2. 諾貝爾的樂於助人表現在哪些地方？

十一　不如意的感情生活

　　諾貝爾一生到處奔波，四海為家，雖然後來先後在巴黎和聖莫雷住了較長時間，但他始終沒有一個屬於他自己的固定的家。他曾多次説過：「我是世界公民，我為全人類而生！」「哪裏有我的工作，哪裏就是我的家。」

　　的確如此，諾貝爾一生致力於科學事業，他的時間和精力絕大部分是在實驗室裏和科學實踐中消逝的。

　　記得嗎？艾弗雷・諾貝爾從小身體羸弱，長相又平凡，甚至他自己認為自己長得奇醜。他對自己的生命一向不甚樂觀，在他那首自傳體長詩的開頭他曾寫道：

　　「當小艾弗雷呱呱墜地之時，一位仁慈的醫生就該及早結束他那多災多難的生命。」羸弱的身體造成了他內向、孤僻的性格。幼年時如此，長大後也沒怎麼改變。雖然他在科學界和商界有很多熟人，又有很多崇拜者圍繞着他，但能做親密摯友的卻寥寥無幾。諾貝爾選擇朋友的條件很苛刻，要經過長期觀察後才予以深交，對朋友的數目也嚴加限制。因此，他在財富的包圍中時

時會感到孤獨寂寞。

諾貝爾一生沒結婚，但他的感情生活並不是一片空白，曾有三位女性先後在他生命中佔有一定的地位。

一八五一年，諾貝爾從海外旅行回國後寫了那首自傳體的長詩《謎》，詩中除了描述海外見聞、巴黎風光外，也透露了他初嘗戀愛滋味的感受。原來，諾貝爾在巴黎為了提高法語水平，報讀了一個會話補習班。在那裏，他認識了一位「美麗而善良」的瑞典少女，共同的思鄉之情使他倆接近起來。他向她傾訴自己的理想抱負，她一再鼓勵他。這兩個遠離家鄉的年輕人熱烈地相愛了，諾貝爾沉浸在初戀的幸福中。這位姑娘白天在一家藥店工作，晚上他倆一起學習法語。他們常在**萊茵河**畔散步，互訴衷情，快活得好比生活在天堂裏。諾貝爾描述自己因而「極端喜悅，而且成了一個比較好的人」。

知識門

萊茵河：
歐洲大河之一，源自瑞士，流經奧地利、法國、德國、荷蘭等國。

可惜天公太作弄人。他倆的戀情沒能維持多久，姑娘得了肺癆病，竟不治身亡。這給予諾貝爾沉重的打擊，他的心碎了，極度悲傷地離開了這個他一生最喜愛的城市，他稱之為「光明之城」的地方。

那年，諾貝爾只有十九歲。

諾貝爾的第二次戀愛是在他四十歲以後發生的。對方名叫貝爾塔·琴絲姬，出身於奧地利一個沒落貴族家庭。她受過很好的教育，精通幾國語言，能幹、文雅、有教養。她本來在維也納一位伯爵家當家庭教師，與伯爵的長子蘇德納男爵相愛了。由於伯爵夫人激烈反對，她只得離開。這時，諾貝爾在報上刊登了一則徵聘啟事：「巴黎有教養的老人誠聘精通外語的女秘書兼管家。」琴絲姬去信應徵，很快就收到了錄取信，署名是「弗·諾貝爾」。

知道自己的僱主原來就是大名鼎鼎的炸藥發明人，琴絲姬嚇壞了，心想這一定是位可怕的老人。但在巴黎火車站上迎接她的人並不如想像中的可怕，琴絲姬後來回憶道：「他的身材不高，皮膚稍黑，雖沒有第一眼就能留給人好印象的英俊外表，但在他身上卻具有一種異於常人的特別氣質。」

琴絲姬的智慧和青春美貌使諾貝爾傾倒，他常常向她傾談自己的想法，朗讀自己的詩作及信件，很快就向她求婚。琴絲姬在回憶錄中寫道：「當時如果沒有意中人的話，也許會考慮⋯⋯」

但是琴絲姬和蘇德納男爵彼此仍未忘情，終於有

一天，她留下一封給諾貝爾的信（當時諾貝爾在外地旅行），變賣了首飾換到一張到維也納的火車票，回到了愛人身邊。

成為蘇德納男爵夫人之後，琴絲姬與諾貝爾一直保持着友誼的聯繫。他們彼此了解，互相支持。十年後，琴絲姬成為著名的作家及和平運動家，深深影響了諾貝爾。以致有位為諾貝爾寫傳記的作家認為：「如果諾貝爾不曾結識這位精明能幹的女士，他終究只能是一位因發明火藥而致富的商人罷了。」

琴絲姬的離去使諾貝爾的大宅又陷於沉悶孤獨的氣氛中。這也刺激着諾貝爾再作一次尋覓紅顏知己的嘗試，他寫道：

「我跟大家一樣感到這沉悶的孤獨，我的孤獨也許比任何人更嚴重。我一直在尋找着情投意合的女性。」

可是，諾貝爾一直沒有找到這樣一位合意的女性。而闖入他生活的第三位女郎蘇菲，卻給他帶來了無窮的煩惱與失望。

那是一八七六年的秋天，琴絲姬走後不久的日子裏，諾貝爾在一家花店裏認識了蘇菲。她是一個二十歲的少女，有人説她是瑞典人，也有人説她是猶太人。總之她家境貧困，全家就靠她的菲薄薪金維持生計。諾貝

爾知道了她的境況後十分同情，給了她經濟上的幫助。這精明的少女知道自己遇上了好運，就此緊緊抓住這位財神不放手。

蘇菲一封又一封地給諾貝爾寫信表示感激之情：

「我如何才能向您表達內心的感激？您使我們全家得以在陽光下繼續生存。如果您走過我的花店，請一定進來坐坐！哪怕只是一聲簡單的『你好』，我也就心滿意足了！」

「……我真希望能為您做些什麼事情，只要是您需要我做的，我都樂意為您效勞，赴湯蹈火，在所不辭。在這世界上，除了母親和弟弟，您就是我唯一的親人了！……」

諾貝爾開始給她回信了。諾貝爾基金會收藏的第一封「諾貝爾致蘇菲函件」，是諾貝爾在維也納開會時寫的：

「親愛、美麗的孩子：……我會儘快告訴你，何時何地我們可以見面。在見面之前，給你一千個問候和祝福。」

在以後的信件中，諾貝爾稱她為「親愛的小蘇菲」、「我最愛的小甜心」、「我的小愛人」……等等。可見，諾貝爾起初是以長者的心情對待她的，但後來就禁不住墮入情網了。

諾貝爾孤獨、神經質，渴求溫柔和愛情。

蘇菲是個有魅力、任性、無教養的女孩，兩人之間的差距是很明顯的。諾貝爾在經濟上、精神上幫助她，鼓勵她多讀書提高修養，也希望她能與自己匹配。蘇菲為此作過努力，但她本性難改，一味追求享福作樂。到後來根本不聽諾貝爾的一切忠告，只知道伸手向他要錢，過着自己荒唐的快活日子。諾貝爾的所有親人、朋友都反對他與蘇菲的交往，但諾貝爾始終放不下這段感情，他在給她的信中説：

「雖然你曾給了我——仍在給我——一大堆麻煩，我還是深深地喜歡你，為你的幸福着想甚於為我自己……」

的確，諾貝爾為蘇菲做了一切他可以做到的事：給她買房子、為她買首飾、支付她的旅行費用、寫信勸她要潔身自好……。但是蘇菲的行為越來越不像話：她貪婪不知足，輕浮又忘恩負義。她每月的零花錢高達四位數，又不斷為自己的家族向諾貝爾要錢；她以諾貝爾夫人的身分在社交界活動，卻又和一些浪蕩子弟有曖昧關係，還用諾貝爾的名字到處借債。

蘇菲成為諾貝爾精神上和財力上的一個重擔了，在一八八三年至一八九三年間，步入老年的諾貝爾不勝重

負,曾多次向蘇菲提出分手,要她去找一個年輕的對象結婚。他甚至在信中明確寫道:

「如果照顧一個大女人而成為朋友們的笑柄,那麼人生將變成苦汁。」

後來蘇菲和一位匈牙利軍官生下一個女孩後結了婚,婚後夫婦倆不斷地向諾貝爾敲詐,直到他去世為止。至此,蘇菲還以要公布諾貝爾寫給她的二百一十六封信為威脅,要求從遺產中分得更多。後來遺囑執行人出錢把這些信全部買了下來。

人們不禁要為諾貝爾不幸的感情生活同聲歎息。設想一下,若是年輕的諾貝爾能與一位了解他、支持他、與他相配、真心愛他的女性結為夫妻,過着美滿幸福的家庭生活的話,他的事業可能會更上高峯呢!

幸虧諾貝爾有一位出色的母親安麗達,一直疼愛他、關心他、照料他。諾貝爾從母親身上繼承了許多優秀品質,母子間的相互諒解和支持,是諾貝爾精神生活中最大的慰藉。諾貝爾十分尊敬和愛護母親,母子感情極深厚。每年母親生日,諾貝爾都一定設法回家向母親賀壽。幾十年內只有一次實在不能回去。母親把他寄來的錢大部分用在慈善事業上,母子倆都把扶窮濟貧作為人生一件共同的樂事。

想一想

1. 諾貝爾為什麼一直沒有結婚？他心目中的理想伴侶是怎樣的？

2. 諾貝爾與母親的感情怎樣？他是如何盡孝道的？

十二 舉世聞名的遺囑

一八八八年的某一天早上，諾貝爾在進早餐時照例拿起了剛送來的報紙，認真地閱讀着。一則**帶黑框的新聞**驚得他差點摔下手中的咖啡：

甘油炸藥大王諾貝爾去世

死亡商人亦難逃死神之手

諾貝爾過了好大一會兒才從驚愕中回過神來，怎麼報上會出現自己的訃告？是誰在拿自己開玩笑？冷靜下來後他直覺地感到，一定是盧德維克出了事。他派人一打聽，果然是他二哥前幾天病逝了，這給諾貝爾帶來巨大的悲痛。

原來這是一位粗心的記者出的差錯，但這件事卻引起了諾貝爾的深思：想不到我奮鬥一生，卻在世間留下這樣的形象——靠製造毀滅性武器發了大財的一名軍火商！這使諾貝爾深感悲哀。

其實，諾貝爾一直熱愛和平，厭惡戰爭，嚮往和平安靜的生活。他研製炸藥的本意是要用在工程建設上，

知識門

帶黑框的新聞：
報紙上刊登某名人去世的消息或向親友報喪的通知（訃告）時，往往加上黑邊。

開礦、築路、鑿運河。後來炸藥被用以製造武器，諾貝爾也為之感到憂慮和痛心。當時他的好友蘇德納夫人（即已婚的琴絲姬）從事和平運動，常和他交談並得到他的援助。諾貝爾的想法是從技術方面使炸藥威力發揮到高峯，敵我雙方就不敢把它輕易使用於戰爭，便可轉用到和平方面了。他認為戰爭是「最悲慘的事，世上最大的罪惡」，不能用它來解決國際間的糾紛。

晚年的諾貝爾常犯偏頭痛和血管痙攣的毛病，巴黎的醫生又檢查出他有急性心絞痛，需要絕對靜養。他就回到聖莫雷休養，起草了遺囑並寫了劇本《復仇女神》和一篇《桿菌發明專利權》。

心絞痛：
即狹心症，暫時性心肌缺血引起心胸部疼痛或壓縮感。

一八九六年十二月十日，諾貝爾因腦溢血逝世，結束了他奮鬥的一生，終年六十三歲。

諾貝爾的遺囑於一八九七年公布，這是一份不尋常的遺囑，舉世為之震驚。

諾貝爾委託他的好友——兩位瑞典土木工程師作他的遺囑執行人，把他三千三百萬克郎的巨額財產作為基金，每年的利息分為五份獎金，分別頒發給前一年中在物理、化學、生物醫學、文學、和平五項領域內對人類

最有貢獻的人，無論他的種族和國籍如何。

三年半後，也即一九〇〇年六月，瑞典國王宣布成立諾貝爾基金會和諾貝爾獎金頒發機構。從一九〇一年開始，每年在諾貝爾的忌日舉行授獎典禮，至今已有一百多年的歷史了。

諾貝爾獎金是舉世公認的最高科學獎，獲得它被認為是一項極大的學術榮譽。在各個領域內成就最高的很多男女科學家，都得到過諾貝爾獎金的獎勵，其中我們較熟悉的有：居里夫婦、愛因斯坦、楊振寧、屠呦呦等等。

此外，聯合國難民高等辦事官事務所、國際紅十字委員會、聯合國兒童基金會、國際勞工組織等機構曾分別得過和平獎。

諾貝爾所發明的炸藥在工程上有卓越的貢獻，造福於人類。他創立諾貝爾獎金，奉獻出自己的名與利，鼓勵有志於科學事業的人士作不懈的努力，讓成就最大的科學家也分享他生前的榮譽，並由此推動全世界的文化科學事業不斷向前發展，這是諾貝爾最偉大的業績。

想一想

1. 諾貝爾生前有大量發明，死後又把財產貢獻出來設立諾貝爾獎金。你認為諾貝爾一生最偉大的業績是什麼？

2. 你最欣賞哪位諾貝爾獎的得獎者？為什麼？

生平大事年表

公元	年齡	事件
1833	/	10月21日艾弗雷・諾貝爾在瑞典斯德哥爾摩的郊區誕生。
1837	4歲	父親伊曼紐離家發展。
1841-1842	8-9歲	諾貝爾和兩個哥哥到聖雅各布高級衛道士小學上學一年。
1842	9歲	10月18日，母親安麗達帶諾貝爾三兄弟離國，往俄國與伊曼紐團聚。
1850	17歲	諾貝爾到國外去旅行學習，曾在德國、意大利、丹麥、法國和美國逗留，在巴黎學習的時間最長。
1852	19歲	7月，諾貝爾結束旅行學習生活，回家後在家族的「諾貝爾父子機械鑄造公司」工作。
1853	20歲	俄國沙王頒給伊曼紐父子皇家金質獎章。
1854	21歲	克里米亞戰爭爆發，俄軍採用伊曼紐的水雷。

公元	年齡	事件
1856	23歲	3月，克里米亞戰爭結束，俄國戰敗，政府取消軍火生產訂單，諾貝爾父子公司陷入困境。
1859	26歲	伊曼紐第二次宣布破產（諾貝爾出生的前一年，伊曼紐因家中發生大火而第一次宣布破產），夫婦倆攜帶幼子愛米爾回瑞典。諾貝爾留在俄國繼續從事研究，先後發明了氣體計量儀、液壓計量儀和改良型氣壓計，取得專利。
1863	30歲	諾貝爾應父親的要求回瑞典，研究安全使用硝化甘油的問題，發明了「諾貝爾專利雷管」，取得專利。
1864	31歲	9月3日，實驗室爆炸，愛米爾喪生。同年10月，諾貝爾與斯密特合伙成立了世界第一家硝化甘油有限公司，生產烈性炸藥。經公開試驗後，瑞典鐵路局批准使用硝化甘油炸藥。
1865	32歲	獲准在斯德哥爾摩郊區溫特維肯建廠，開始大量生產硝化甘油炸藥。同年6月，諾貝爾在德國漢堡的克魯梅爾建立了第一家國外公司「艾弗雷·諾貝爾公司」。

公元	年齡	事件
1866	33歲	諾貝爾取得在美國製造和使用硝化甘油的專利權。成立「美國爆炸油公司」，建廠生產。同年夏天，克魯梅爾工廠因意外被炸毀。
1867	34歲	諾貝爾發明了黃色炸藥，即「諾貝爾安全炸藥」，取得專利後大量生產。
1868	35歲	在紐約成立「大西洋大火藥公司」，並在挪威、芬蘭、英國、法國、瑞士、西班牙、葡萄牙、意大利等地設立了分公司。同年，瑞典皇家科學院授予諾貝爾父子金質獎章。
1872	39歲	9月3日，父親伊曼紐去世。
1873	40歲	諾貝爾遷居巴黎。
1875	42歲	成功製成明膠炸藥。同年，成立「黃色炸藥製造辛迪加」。
1879	46歲	「諾貝爾兄弟石油生產公司」在聖彼得堡成立。
1886	53歲	完成企業大合併，成立托拉斯。
1887	54歲	製成混合無煙炸藥。

公元	年齡	事件
1889	56歲	母親安麗達去世。
1891	58歲	遷居到意大利的聖雷莫，繼續從事科學研究，並有多項發明。
1896	63歲	12月10日，因腦溢血逝世。1897年遺囑公布。1900年諾貝爾基金會和頒獎機構成立。

諾貝爾獎

根據諾貝爾的遺囑，以他的巨額財產作為基金，把每年的利息分為五份獎金：

物理學獎	獎給在物理界有最重大的發現或發明的人。
化學獎	獎給在化學上有最重大的發現或改進的人。
生理學或醫學獎	獎給在醫學和生理學界有最重大的發現的人。
文學獎	獎給在文學界創作出具有理想傾向的最佳作品的人。
和平獎	獎給為促進民族團結友好、取消或裁減常備軍隊以及為和平會議的組織和宣傳盡到最大努力或作出最大貢獻的人。

諾貝爾獎自1901年起開始頒發，現在已成為一項國際具代表性的獎項，有許多我們耳熟能詳的人物都曾獲獎，我們來認識一下這些獲得偉大成就、造福世人的得獎者吧！

得獎者	獎項	得獎年份	得獎原因
居里夫人	物理學獎	1903	和丈夫皮耶·居禮一同獲得，表彰他們研究貝克勒教授發現的游離輻射現象時做的非凡工作。
	化學獎	1911	發現了鐳和釙元素，提純鐳並研究了這種引人注目的元素的性質及其化合物。
泰戈爾	文學獎	1913	憑藉《吉檀迦利》獲獎，其深刻敏銳又清新美麗的詩句，隱含着高超的文學技巧，而以英文書寫（泰戈爾為印度人），讓他作品中的思想更靠近西方。

得獎者	獎項	得獎年份	得獎原因
愛因斯坦	物理學獎	1925	對理論物理的貢獻，特別是發現了光電效應。
海明威	文學獎	1954	憑藉《老人與海》獲獎。他精通於敘事藝術，這方面在《老人與海》中尤其突出，也因其對當代文學風格的影響。
楊振寧、李政道	物理學獎	1957	發現弱作用下宇稱不守恆原理（物理學的一個原理）。
馬丁·路德·金	和平獎	1964	長期以非暴力方法追求種族平等的理想。
德蘭修女	和平獎	1979	獻身於慈善事業，服務貧苦大眾。
高行健	文學獎	2000	其作品具普世價值、尖刻的見解和機智的語言，為中文小說和戲劇開闢了新的道路。

得獎者	獎項	得獎年份	得獎原因
高錕	物理學獎	2009	鑽研利用纖維傳輸光，在光纖通訊領域中擁有突破性成就。
屠呦呦	生理學或醫學獎	2015	發現治療瘧疾的新療法。

　　如果由你去設立獎金獎項，表揚在某些領域有出色表現的人，你會設立怎樣的獎項呢？為什麼要設立這樣的獎項呢？